SUPER TRICKS

FÜR DEN HAUSHALT

444× BESSER MACHEN, ZEIT GEWINNEN, SPAREN

ANNIKA LOEB, EDUARD TIMM

Stiftung Warentest

INHALT

SUPERTRICKS

FÜR DEN HAUSHALT

UND TÄGLICH GRÜSST DAS FLUSENTIER

Wenn die Hausarbeit ruft, zeigt so mancher, was alles an Energie und Disziplin in ihm steckt. Wie auf Knopfdruck heißt es da erfahrungsgemäß: tief durchatmen, Ruhe bewahren, ruckartige Bewegungen vermeiden. Jetzt bloß nichts überstürzen, es wird sich schon jemand anderes angesprochen fühlen. Eine Körperbeherrschung ist das – einfach nur wow!

Die Fans des Putzens und Räumens sind wohl deshalb in der Minderheit, weil Hausarbeit wie die Reise in einer Zeitmaschine daherkommt, die entweder kaputt ist oder von einem kleinen, gemeinen Sadisten gebaut wurde. Immer und immer wieder fühlt man sich zu merkwürdig bekannten Orten und Problemen zurückentführt. Ja, wie jetzt – aus der Spüle riecht's schon wieder so exotisch? Hatte ich den Haufen Wäsche nicht schon sortiert? Guckt mich das Flusentier im Trockner nicht haargenau so an wie das, was ich gestern erst rausgefummelt habe? Ein Déjà-vu-Erlebnis jagt das nächste – einfach nur frech!

MIT SUPERTRICKS GEGEN DEN INNEREN AUTOPILOTEN

Komplett umprogrammieren kann man diese Zeitmaschine leider nicht. Aber die Reise in ihr lässt sich definitiv schneller, bequemer und spannender gestalten, wenn man die richtige Ausrüstung mit im Gepäck hat. Und dazu gehören auf jeden Fall die folgenden Supertricks, Life Hacks und Hausmittel, die alte Gewohnheiten kreativ aufmischen und den Alltag erleichtern.

Wie schnell schaltet man im Leben auf Autopilot und tut das, was man immer tut, und das aus einem einzigen Grund: weil man es schon immer so getan hat. Die Supertricks helfen dabei, den Autopiloten in den Ruhestand zu schicken. Nervige Aufgaben lassen sich plötzlich mit ganz neuen Augen betrachten. Es wird improvisiert, was das Zeug hält. Das versteckte Potenzial von unscheinbaren Alltagsgegenständen hat nur darauf gewartet, endlich von Ihnen herausgekitzelt zu werden.

Welche Würzsauce lässt sich als Putzmittel zweckentfremden? Was lässt sich sonst noch ins Schloss eines Einkaufswagens stecken, wenn ich kein Geld dabeihabe? Mit welchen Büroartikeln kann ich mehr Ordnung und Übersicht in meinen Kühlschrank bringen? Mit wenigen Handgriffen und Hilfsmitteln wird hier richtig viel bewegt – einfach nur genial!

UPCYCLING – DA GEHT NOCH WAS!

Das bereits Vorhandene geschickt neu einzusetzen, steht auch beim Trendthema Upcycling im Mittelpunkt. Ausgemusterten Dingen, die man sonst vorschnell als Müll abschreibt, wird frisches Leben eingehaucht. Egal ob zerrissene Jeans oder abgefahrene Autoreifen – da geht noch was. Hiermit lassen sich noch allerhand schicke Deko-Ideen verwirklichen. Weniger verschwenden, mehr wiederverwenden. Die Umwelt freut sich und der Geldbeutel auch.

Diese und viele weitere originelle Lösungen für altbekannte Probleme können Sie auf den folgenden Seiten entdecken. Das Flusentier wird Sie zwar auch weiterhin täglich grüßen, aber hey: Solange mithilfe der Supertricks ein Aha-Erlebnis das nächste jagt, lässt sich das schon verkraften.

1
2 ×

SUPERSAUBER

Wer das Beseitigen hausgemachter Sauereien nicht an bezahltes Personal oder willige Verwandte outsourcen kann, dem bleibt nur eins: PIY – Putz-it-yourself. Aber bloß keinen Stress aufkommen lassen: Mithilfe der folgenden Life Hacks kann man sich im Nahkampf gegen die Schmuddligkeiten des Lebens glänzend behaupten.

WASCHTAG!

Zum Vortrocknen

eines kleinen Kleidungsstücks einfach die **Salatschleuder** nehmen. Ganz trocken wird das gute Stück so nicht, eine kurze Stippvisite auf der Leine ist schon noch nötig.

Vor dem Gang zur Trommel gilt:

Reißverschlüsse zu – sonst beschädigen sie andere Wäschestücke. Und **Knöpfe offen** – sonst leiern und reißen sie schneller aus.

Das Lieblingsshirt ist eingelaufen?

Kein Problem. Einfach mit etwas **Haar-Conditioner** für 30 Minuten in lauwarmes Wasser legen. Macht das Stöffchen geschmeidig dehnbar. Danach stretchen, schön mit den Händen in Form bringen. Und anschließend passt es wieder!

Bei zwei parallelen Wäscheleinen

nicht entlang der Leinen aufhängen, sondern im **rechten Winkel** zwischen den Leinen. So passt ein Vielfaches an T-Shirts und Hosen auf einmal hin.

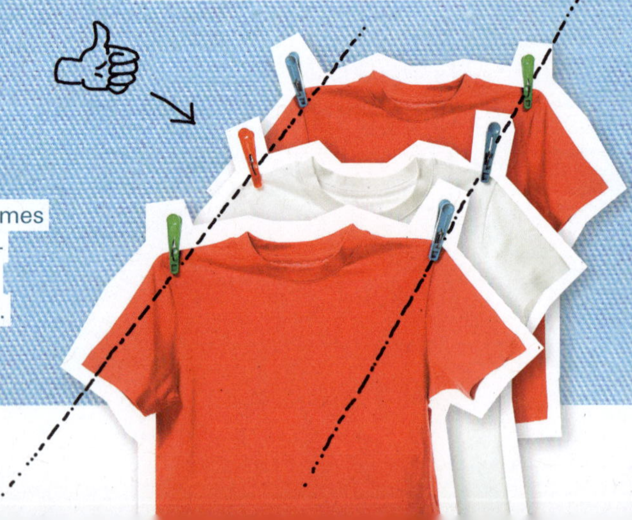

Beim Sport alles gegeben und schön durchgeschwitzt?

Die Funktionskleidung danach **auf keinen Fall** mit **Weichspüler** waschen. Das teure Hightech-Outfit – etwa aus Polyester, Polyamid oder Polypropylen – büßt sonst seine Saugfähigkeit und Atmungsaktivität ein.

Turbotrocknen lässt sich die Wäsche,

wenn man sie **im Winter im Freien** aufhängt. Perfekt hierfür ist eine trocken-kalte Witterung bei dezenten Minusgraden mit ein wenig Wind. Aber Achtung: Die Wäsche erst bewegen, wenn das Eis **verdunstet** ist. Solange sie noch frostig starr ist, kann sie leicht brechen.

Als Trocknertuchersatz

eine **Alufolienkugel** mit in die Trommel geben. Auch diese sorgt dafür, dass sich die Wäsche beim Trocknen nicht **statisch auflädt** und zusammenhängt.

Die Zeit im Trockner

lässt sich reduzieren, wenn man zur patschnassen Wäscheladung noch ein **trockenes Handtuch** dazulegt. Wichtig: Nicht bis zum Ende drinlassen, sondern nach 15 bis 20 Minuten rausnehmen!

KLETTERWASCHMITTEL

AUCH EFEU ENTHÄLT wie die Rosskastanie Seifenstoffe – so wird aus den Blättern ein umweltfreundliches Waschmittel.

Am besten möglichst **DUNKLE** Efeublätter sammeln. Diese sind fürs Herstellen des Waschmittels ergiebiger als die jungen hellen.

Blätter nicht direkt in die Trommel geben! Sonst bleibt das Spülen **INEFFEKTIV**, da weiterhin Seifenstoffe ausgeschwemmt werden.

EFEUBLÄTTER MIT DEM MESSER oder im Mixer zerhäckseln und mit kochendem Wasser übergießen. 5 bis 10 Minuten ziehen lassen, dabei immer wieder umrühren. Nach dem Abkühlen durch ein Sieb in ein Schraubglas gießen und im Kühlschrank lagern – der Sud ist einige Tage haltbar. Da das chemiefreie Waschmittel natürlich keinen Entkalker enthält, empfiehlt es sich, ab und zu 1 EL Essig mit in die Trommel zu geben, um das Wasser zu enthärten.

TEDDYS TROCKENBAD

MÜFFELNDE KUSCHELTIERE, die kein Wasserbad vertragen, werden zur Reinigung trocken berieselt.

Ist das Kuscheltier maschinentauglich, aber **ZU GROSS** für die Trommel? Dann in einen Müllsack packen und mit Speisestärke zuschneien.

Durch ihre Fähigkeit, Gerüche, Schmutz und Feuchtigkeit zu binden, ist Speisestärke auch hervorragend als **TROCKENSHAMPOO** geeignet.

MANCHE STOFFTIERE mögen's gar nicht, wenn man sie in die Waschmaschine steckt – das Pflegeetikett gibt Auskunft. Ist der Schmusebär zu fein für den Waschgang? Dann das Kuscheltier in einen verschließbaren Plastikbeutel stecken und reichlich mit Speisestärke überhäufen. Schließen, gut durchschütteln und für 24 Stunden einwirken lassen. Am nächsten Tag noch ausklopfen und absaugen – und dann darf endlich wieder geruchsfrei gekuschelt werden.

KASTANIEN – FÜR VIELES GUT

Gesunde Samen vom Seifenbaumgewächs

Die Rosskastanie gehört zur Familie der Seifenbaumgewächse, sie kann bis zu 300 Jahre alt werden. 2005 wurde die Kastanie in Deutschland Baum des Jahres, 2008 kürte man sie zur Arzneipflanze des Jahres. Denn was kaum jemand weiß: Ihre Früchte sind nicht nur als herbstliches Bastelmaterial verwendbar. Die Samen werden für die Herstellung von Farben und Kosmetika gebraucht, die Öle zu Seifenpulver verarbeitet. Die in der Kastanie enthaltenen Saponine (lat. sapo = Seife) kann man auch selbst nutzen:

Waschmittel

Mit dem Messer, besser noch mit einer Küchenmaschine, etwa 10 Kastanien pro Waschgang radikal zerkleinern – je feiner, desto besser. Je nach Schmutz 40–60 Gramm Granulat 2 Stunden in kaltem Wasser einweichen, absieben. Die Lösung kommt einfach ins Waschmittelfach. Was übrig ist, eignet sich auch als Handspülmittel oder zum Bodenputzen.

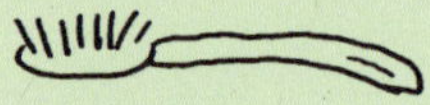

Zahnputzpulver

Kastanienpulver – direkt auf die Bürste – ist beliebig kombinierbar: mit Natronpulver zum Aufhellen, Salbeiblättern zum Desinfizieren, mit Minzblättern für frischen Geschmack, mit Zimt, Kieselsäure, Gewürznelkenpulver … Eine preiswerte Alternative zur Zahnpasta ohne Chemie – allerdings auch ohne Fluoride. Es schützt daher nicht ausreichend vor Karies.

Badezusatz

Die Saponine haben eine abschwellende, gewebeentwässernde Wirkung. Beim Aufkochen der Kastanien entsteht eine schön schaumige Seifenlauge, die als Fußbad wie als Vollbad eine Wohltat für die Venen ist: Ein Kilo Kastanien zerkleinern, mit kaltem Wasser bedecken, über Nacht einweichen lassen. Kurz aufkochen, ein halbes Stündchen köcheln lassen, anschließend filtern. Das Ganze ins 38 Grad warme Badewasser oder für ein Unterschenkelbad die Hälfte für ein Bad von einer guten Viertelstunde nutzen. Dann die Beine hochlegen und relaxen.

DIE 6 HÄUFIGSTEN FLECKEN

1 Fettflecken

- Ist der Fleck noch frisch? Kartoffelmehl bzw. geriebene Kartoffel drauf – wirken lassen, abbürsten.
- Spülmittel drauf, damit das Fett wasserlöslich wird. Nun in die Waschmaschine.

2 Grasflecken

- Bei weißem Stoff Zahnpasta, die Weißmacher und Menthol enthält, einwirken lassen und in die Maschine.
- Flecken mit der Schnittfläche einer rohen Kartoffel einreiben, dann in die Maschine.
- Eine Paste aus warmem Wasser und Zucker für eine Stunde einwirken lassen. Dann wie üblich in die Waschmaschine.
- Empfindliches Material wie Seide wiederholt mit Waschbenzin betupfen.

3 Wachsflecken

- Am besten ist Löschpapier. Sonst zum Beispiel Küchenpapier über und unter den Fleck legen und bei mittlerer Hitze bügeln, bis das Wachs aufgesogen wurde.
- Ohne Bügeleisen kann man die Rückseite mit heißem Wasser einweichen und mit einem Tuch das geschmolzene Fett heraussaugen. Eventuell mit Spiritus oder Essigwasser die Rückstände entfernen.

4 Rotweinflecken

- Frische Flecken auf der Kleidung mit Tuch oder Krepp abtupfen, mit Seife oder Flüssigwaschmittel behandeln, ausspülen. Dann ganz normal waschen.
- Auf Teppichboden oder nicht waschbaren Textilien hilft das alte Hausmittel: kräftig Salz draufstreuen. Zeit lassen. Saugen, bürsten oder auswaschen.

5 Kugelschreiberflecken

- In Essigessenz oder Zitronensäure einweichen. Mit einer Bürste vorsichtig behandeln, danach in die Waschmaschine.
- Haarspray draufsprühen, wirken lassen, ausbürsten. Aber vorher an einer unverfänglichen Stelle testen, um die Kleidung nicht zu ruinieren – nicht alle Sorten sind geeignet. Das Gleiche gilt für hochprozentigen klaren Alkohol.

6 Blutflecken

- Die Stelle in Wasser einweichen, auswringen, mit Backpulver bedecken – das saugt das Blut auf. Nun wie gewohnt waschen.
- Sind die Flecken eingetrocknet? In kaltem Wasser einweichen, Geschirrspülmittel auftragen, mit Wasser aufschäumen. Ausspülen.
- Noch nicht ganz sauber? Bei 30 Grad in die Waschmaschine.

OBSTFLECKEN-ALARM!

Obst enthält Gerbsäure mit Zucker – die Flecken sind zäh. Besonders, wenn sie eingetrocknet sind.

Erstens: schnell sein. Immer zuerst mit Küchenpapier abtupfen. Frische Flecken sofort in Wasser – besser noch Mineralwasser – einweichen. Wenn das nicht geht, abtupfen und mit Wasser behandeln.

Nach dem Einweichen Salz drauf. Es löst den Fruchtzucker und saugt Farbstoffe auf.

Spucke ist nützlich, wenn es schnell gehen soll. Enzyme im Speichel helfen beim Lösen von Fruchtzucker.

Besonders hartnäckig sind bekanntlich rote Beeren. Gibt's noch Rückstände? Einfach in die Sonne legen, um die Flecken auszubleichen. Das kann dauern – Geduld haben.

Bei hellen Textilien sagt Omas Tipp: Milch, Buttermilch oder Naturjoghurt auftragen, über Nacht einweichen lassen. Weiße Zahnpasta geht auch. Dann in die Maschine.

Sind die Flecken heftig? Vorbehandeln mit Zitronensaft oder Essig auf einem hellen Tuch (damit's nicht selbst färbt). Dann spülen und in die Waschmaschine. Nicht bei empfindlichen oder dunklen Stoffen, diese könnten ausbleichen.

Bei empfindlichen Stoffen besonders geeignet: Gallseife. Einwirken lassen – nicht ausspülen –, dann in die Wäsche. Gallseife und Fleckensalz kann man auch mit in die Maschine geben.

Giftige Bleichmittel sollten, wenn man sie denn unbedingt nutzen will, erst an einer unauffälligen Stelle ausprobiert werden.

Bei dunklen Stoffen, Sofas und Teppichen kann eine Mischung aus Backpulver und Wasser zum wiederholten Einreiben helfen. Auch Flüssigspray kann funktionieren – einwirken lassen, mit einem Tuch abreiben.

Bei Holzmöbeln muss man schnell sein – sonst bleiben unschöne Flecken. Und dann hilft nur abschleifen und lackieren.

FEHLER BEIM WASCHEN

Bullauge auf, Schmutzwäsche rein, Waschmittel dazu, Maschine an: So leicht kann Waschen sein – oder?

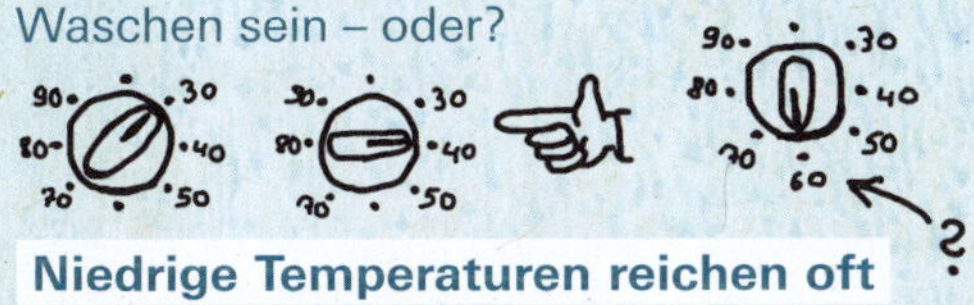

Niedrige Temperaturen reichen oft

Heiß waschen ist oft überflüssig, denn die Waschmittel sind heute so konzipiert, dass die Wäsche nicht wärmer als 30 bis 40 Grad gewaschen werden muss, um hygienisch sauber zu sein. Bei normaler Schmutzwäsche reichen niedrigere Temperaturen völlig. Und eine Maschine mit 30-Grad-Wäsche verbraucht nur ein Fünftel der Energie einer 60 Grad-Ladung.

Die richtige Menge macht's

Oft wird zu viel Waschmittel verwendet – nie mehr benutzen, als auf der Verpackung empfohlen wird. Das Zuviel kann ungesund werden, denn in der Schublade sammeln sich Rückstände. Mit der Zeit bilden sich Schimmelsporen, die in die Wäsche gelangen und sogar zu Allergien führen können. Daher sollte man die Schublade immer mal mit einer Spülbürste reinigen.

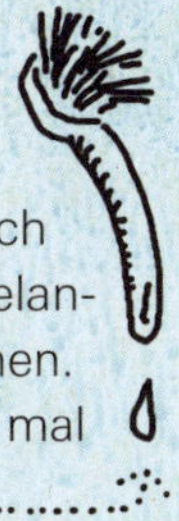

Essig und Soda zum Entkalken?

Da in Waschmitteln ohnehin wasserenthärtende Substanzen (Tenside) enthalten sind, bildet sich eh weniger Kalk. Wenn's nötig ist: Zitronensäure ist ein bewährtes Mittel. Essig und Essigessenz können in der Waschmaschine auf Dauer Kunststoffschläuche und andere Kleinteile schädigen. Wenn Essig – dann nicht unverdünnt. Und nicht in die Waschmittelschublade geben, da er dort das Material angreifen kann. Das Einweichen von Wäsche in einer Soda-Lösung ist ein effektives Mittel gegen Flecken – zum Entkalken der Maschine ist Soda jedoch nicht geeignet.

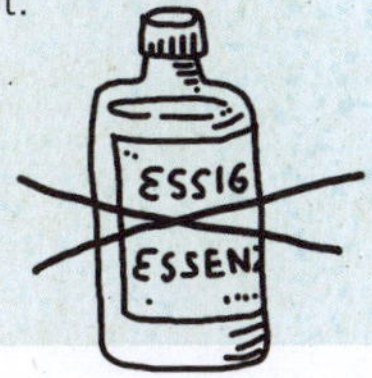

GENIAL GEPLÄTTET

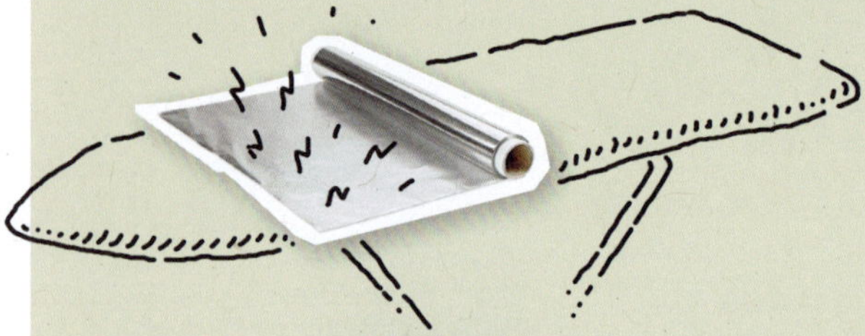

Mit Alufolie

unterm Kleidungsstück oder dem Bügelbrettbezug spart man mächtig Zeit. Die Folie **reflektiert** die Hitze, sodass man im Prinzip beide Seiten auf einmal plättet.

Bügelsohle stumpf und verdreckt?

Zahnpasta unten aufs kalte Eisen schmieren und mit einem feuchten Tuch wieder abwischen. Hat sich Stärke auf dem Metall angesammelt, die die Gleitfähigkeit behindert, heiß über ein Stück **Alufolie** bügeln.

Druckstellen auf dem Teppich?

Mit **Natron** bestäuben. Nach 15 Minuten staubsaugen. Kein Natron zur Hand? **Eiswürfel** auf die Stelle legen und schmelzen lassen. Kurz saugen und drüberbürsten. Oder ein **feuchtes Handtuch** auf die Druckstelle legen und mit dem Dampfbügeleisen drübergehen.

T-Shirt on the rocks gefällig?

Zwei bis drei **Eiswürfel** mit der zerknitterten Kleidung in den Trockner geben und das heißeste Setting wählen. Der dabei entstehende **Dampf** glättet den Stoff. Wichtig: Nur ein bis zwei Kleidungsstücke auf einmal reinlegen.

Wer spät dran ist,

kann das Bügeln mit der morgendlichen Körperpflege verbinden und sein T-Shirt während der heißen Dusche **mit ins Bad hängen.** Darauf achten, dass alle Fenster und Türen geschlossen sind! Funktioniert am besten bei leichten, mäßig knittrigen Stoffen.

Wenn's Sommer ist,

die Bluse mit nach draußen nehmen, mit einer **Sprühflasche** leicht mit Wasser besprühen und für 30 bis 60 Minuten hängen lassen. Luft und Sonne lassen die Knittrigkeiten rasch verschwinden.

Der Kragen knittert?

Einfach das **Glätteisen** rausholen und bei höchster Hitze damit kurz in die Zange nehmen. Achtung: Haare am Glätteisen können die Kleidung verschmutzen!

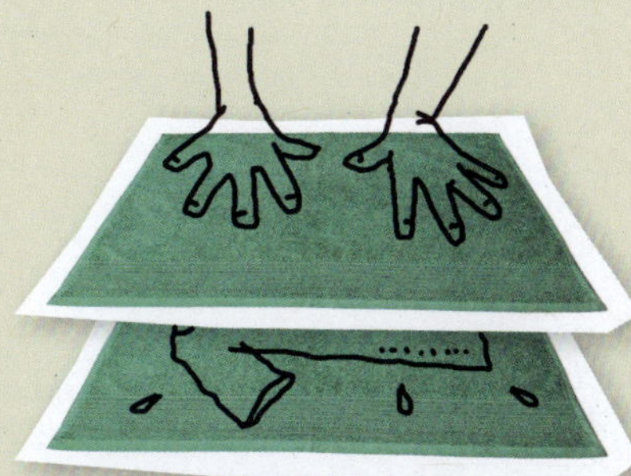

Empfindliche Knöpfe am Hemd?

Einfach einen **Löffel als Abdeckschutz** benutzen, sobald das Bügeleisen ihnen zu nahe kommt.

Falls mal ein Stromausfall

alles lahmlegt, geht Bügeln als schweißtreibende Handarbeit: T-Shirt zwischen **zwei feuchte Handtücher** legen, dann mit beiden Händen drüberstreichen und pressen, pressen, pressen! Anschließend zum Trocknen aufhängen.

PUTZWASSERBRÜCKE

WASCHBECKEN ZU KLEIN? Eimer zu groß? So findet das Wasser sicher seinen Weg.

JEDER KENNT DAS PROBLEM: Der Eimer passt nicht ins Waschbecken. Richtig füllen lässt er sich so nicht. Die Lösung: ein Kehrblech, das im hohlen Stiel den Handfeger festhält – nun hat der Besen Pause; das Blech wird zur improvisierten Wasserschaufel. Wer kein solches Kehrblech besitzt, kann auch ein Stück Gartenschlauch am Wasserhahn in Küche oder Bad anschließen. Adapter dafür gibt's zum kleinen Preis in jedem Bau- und Gartenmarkt.

UPGRADE FÜR DIE SCHAUFEL

EIN KEHRGERÄT wird zackig aufgemotzt – eine saubere Sache.

Ein neuer Feger mit **NATURBORSTEN** wird langlebiger, wenn man ihn mit 1–2 EL Salz in einem Eimer Wasser einweicht.

Die Naturborsten des Handfegers stehen wirr in alle **RICHTUNGEN** ab? Einfach für eine Weile über einen Topf mit kochendem Wasser halten.

JEDES MAL DAS GLEICHE: Nach dem Kehren ist zwar der Boden blitzblank, aber der Handfeger umso dreckiger. Lauter Krümel sind in den Borsten hängen geblieben. Um sich das leidige Rauspicken mit den Fingern zu ersparen, wird die Kehrschaufel aufgerüstet: Einfach mit Heißkleber einen grobzinkigen Kamm am oberen Ende anbringen. Jedes Mal, wenn man nun mit dem Feger Schmutz darauf fegt, lassen sich die Borsten daran ganz praktisch abstreifen.

SCHWAMMTASTISCH!

Seifenspender inklusive

Schwamm einschneiden, Seifenrest reinstecken und schon produziert man bei jedem **Zusammenknautschen** unter Wasser ein kleines Schaumbad.

In die Zange genommen

Jeweils einen Schnitt in zwei Schwämme machen und diese auf die Greifer einer Küchen- oder Grillzange stecken. So lassen sich die **Lamellen** von Rollos und Jalousien gleichzeitig von **beiden Seiten** reinigen.

Schnittig

Dem Schwamm längs zwei Schnitte verpassen – und schon lässt sich der **Backofenrost** super reinigen. Noch kleinteiliger eingeschnitten, kann man damit auch hervorragend das **Lüftungsgitter** bei einem Ventilator reinigen.

Ab mit dem Lack

Das Schaumstoffunterteil des Schwamms zusammengerollt in ein kleines **Schraubglas** stecken, sodass es komplett ausgefüllt ist. Dann **Nagellackentferner** dazugießen. Fingernägel einzeln reindippen und säubern.

Gut abgehangen

Aus einer Shampoo- oder Duschgelflasche lässt sich mit ein paar Schnitten ein toller **Schwammhalter** zaubern. Das Loch zum Abtropfen ist inklusive.

Schlauchschrubber

Das **grüne Vlies** eines alten Küchenschwamms zusammengerollt in einen verdreckten Gartenschlauch stecken. Dann Wasser Marsch! Das Vlies wird durch den Schlauch gespült und reinigt ihn von innen.

Ab in den Trockner

Ein Schwamm ohne Vlies in Weichspüler eingelegt lässt sich anstelle eines **Trocknertuchs** in den Wäschetrockner geben.

Kältespender

Schwämme lassen sich leicht in Kühlakkus für unterwegs verwandeln. Hierfür den Schwamm unterm Wasserhahn vollsaugen lassen und in einem wiederverschließbaren Gefrierbeutel **einfrieren.**

BÜRSTE GIBT GAS

ENDLICH BEIM SCHRUBBEN voll durchstarten! Mit dieser Drehzahl wird Ihr Putzgerät zum Ferrari unter den Bürsten.

WENN EINE ZAHNBÜRSTE sich elektrisch aufmotzen lässt, dann muss das doch auch mit anderen Bürsten gehen. Und ob! Den Bürstenkopf von einer Spül- oder ähnlichen Bürste abschneiden und mittig ein Loch bohren.

Durch das Loch eine Gewindestange stecken und diese mit zwei Sechskantmuttern auf beiden Seiten des Bürstenkopfs befestigen. Nun das Ganze in den Akkuschrauber einspannen – da wird Ihrem Dreck garantiert schwindlig werden.

SYNCHRONSCHRUBBEN

AUSSEN WISCHEN und innen gleich mitsäubern – diese magnetischen Putzhelfer machen's möglich.

Alternative für Faule: **GEBISSREINIGER** mit Wasser in die Vase und ein paar Stunden vor sich hin sprudeln lassen. Danach ausspülen.

Ohne nervige Verrenkungen: Auch Karaffen, **WEINDEKANTERN** und Aquarien kann man so eine antibakterielle Abreibung verpassen.

WENN DIE SPÜLBÜRSTE nicht zum Vasenboden reicht, muss ein Schwamm mit Metall-Upgrade ran: Einen Schwamm quer in der Mitte durchschneiden. In beide Stücke einen Schlitz machen, um dort einen starken Neodym-Scheibenmagneten einzubetten, eventuell zunähen. Dann ein Stück außen an der Vase ansetzen und das andere innen direkt gegenüber: Die beiden halten zusammen wie beste Kumpel, die sich die Putzarbeit teilen.

Würzsauce von Welt

Schon vor 250 Jahren gab es Ketchup als Fertigsauce in Geschäften in England, als Tomatenketchup ist es seit 150 Jahren überall in den USA, seit den fünfziger Jahren in Deutschland zunehmend verbreitet: Keine Currywurst ohne Ketchup, wa?

PIKANTES PUTZMITTEL

Ketchup besteht aus Zucker, Tomatenmark, Essig, Speisesalz und Gewürzen. Dass es auch nützlich sein kann, wenn dabei gerade keine Portion Pommes mit im Spiel ist, scheint nur wenigen bekannt. Ihre reifen Putzleistungen vollbringt die rote Sauce vor allem aufgrund der in ihr enthaltenen Essigsäure, die ihr zahlreiche Talente verleiht.

Kochtopfreiniger: Verdreckten Töpfen tut ein Spritzer Ketchup immer gut: Auf dem verkohlten Boden verteilen und einreiben, eine halbe Stunde wirken lassen – abwischen.

Kupferpolierer: Wenn Gegenstände aus Kupfer, beispielsweise Töpfe, Pfannen, Kessel und Kerzenständer, trüb und fleckig werden, lassen sie sich mit der Würzsauce wieder in Form bringen. Einreiben, 15 bis 30 Minuten einwirken lassen, dann abspülen und trocknen. Ist definitiv billiger und umweltverträglicher als chemische Spezialreiniger für Kupfer.

Auch mal ausprobieren: Ein-Cent-Kupfermünzen werden richtig schick zu strahlenden Glücksmünzen, die zum Dekorieren von Glückwunschkarten verwendet werden können.

Silberblankputzer: Auch Erbstücke von Oma wollen gepflegt sein. Bestecke, Ketten, Ringe oder Armbänder aus Silber ein Viertelstündchen in Ketchup baden. Rausfischen, abspülen, eventuelle Reste mit einer Zahnbürste wegputzen.

Noch effektiver gegen den Grauschleier ist Folgendes: Eine Schüssel mit Alufolie auslegen, glänzende Seite nach oben. Warmes Wasser hinein und ein paar Löffel Salz dazu. Etwa zehn Minuten das Silber hineinlegen, es mit klarem Wasser nachspülen und abtrocknen. Die Reaktion von Aluminium mit Salz löst die dunklen Anlagerungen.

Haarfarbenretter: Sogar für Haare ist Ketchup gut – wenn sie blondiert sind. Dann können sie nämlich einen Grünstich bekommen, zum Beispiel nach dem Sprung ins Meer oder in ein gechlortes Schwimmbecken. Also Haar normal mit Shampoo vorwaschen und ausspülen. Ketchup einmassieren, eine Viertelstunde wirken lassen, ausspülen. Dann noch mal mit Shampoo nachwaschen. Und schon ist das Blond wieder blonder.

■ **Zusatz-Tipp:** Auch als Haar-Conditioner ist Ketchup zu empfehlen, weil es dem Haar natürliche Öle zurückgibt.

SAUBER EINGETÜTET

WASSERHAHN VERKRUSTET? Zurücklehnen und einfach mal den Kalk-Killer machen lassen.

WEISSER ESSIG ist eine umweltschonende Alternative zu herkömmlichen Reinigungsmitteln. Er bringt auch Chrom zum Glänzen.

Beim **DUSCHKOPF** nimmt man einen Gefrierbeutel statt des Kondoms. Mit Essig-Wasser-Mischung (1:3) füllen, mit Gummiband festbinden und 45 Minuten einwirken lassen.

KALKRÜCKSTÄNDE sind besonders hartnäckig. Lästige Schrubbereien kann man sich allerdings ersparen: Essig oder Zitronensäure mit Wasser im Verhältnis 1:3 in ein Kondom gießen. Über den Wasserhahn stülpen – das Endstück muss komplett in der Flüssigkeit eingetaucht sein. Eventuell mit einem Gummiband fixieren. Dann den Wasserhahn 45 Minuten in seinem Bad einweichen lassen. Gut durchspülen. Und das Chrom ist wieder kalklos glücklich.

BLITZSAUBERE BÖDEN

Fußböden sind buchstäblich die Basis unseres Daseins zu Hause – wie wird was sauber gemacht?

Keramikfliesen sind sehr strapazierfähig; sie werden mit leichter Spülmittellösung auf einem Bodenwischer gereinigt, mit einem Fensterleder nachgetrocknet.

Korkfliesen müssen an den Rändern versiegelt sein, damit kein Wasser eindringen kann. Sie werden mit warmem Wasser und etwas Haushaltsreiniger gewischt und ab und zu gewachst.

Kunststeinplatten aus Beton – poliert, wie oft in Geschäften – werden mit Wasser und Allzweckreiniger sauber gemacht. Wenn sie verblassen, vorsichtig mit Stahlwolle und Terpentin bearbeiten, dann mit Spezialpolitur behandeln.

Laminat, also Parkett-Imitat, wie versiegeltes Holz leicht feucht wischen – aber nie mit Bohnerwachs pflegen.

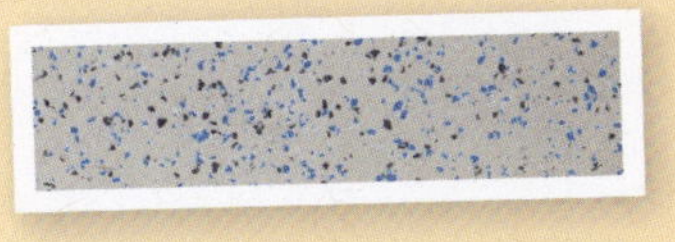

Linoleum wird mit dem Mopp und Wasser mit etwas Haushaltsreiniger gewischt – aber nicht zu nass. Schmierseife schadet dem Linoleum, sie ist alkalisch und greift seine Oberfläche an. Mit Bohnerwachs einreiben.

Parkett und Holzfußböden, wenn sie unversiegelt sind, müssen regelmäßig gewachst oder geölt werden. Versiegelt wird Holz feucht gewischt – mit wenig Wasser, damit es nicht aufquillt. Wenn man statt Wasser kalten schwarzen Tee nimmt, bekommt das Holz neuen Glanz. Um Flecken zu entfernen, kann man (bei Versiegelung) Spiritus oder Terpentin verwenden. Und immer mal mit Flüssig- oder Bohnerwachs polieren.

Vinyl ist vergleichsweise billig und strapazierfähig. Es wird nach dem Fegen mit warmem Wasser und Haushaltsreiniger geputzt und mit klarem Wasser nachgewischt. Man kann es auch mit einem Bodenpfleger behandeln.

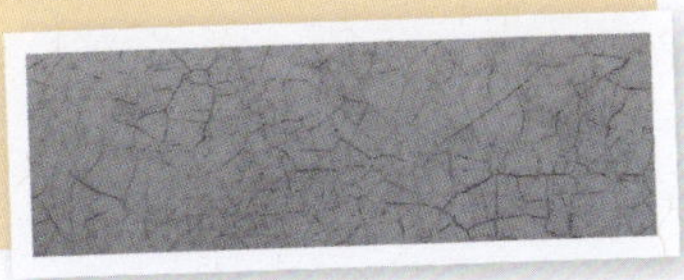

NACH DEM STAUB …

… IST VOR DEM STAUB. Ganz los wird man ihn nie. Trotzdem gibt es Mittel und Wege, die Flusenjagd schmerzfreier zu gestalten.

Haben sich Ohrringe oder Kontaktlinsen selbstständig gemacht? Dann beim Staubsaugen eine alte **Nylonstrumpfhose** übers Rohr ziehen, damit die verlorenen Schätze nicht von der Maschine gefressen werden!

Eine alte Feinstrumpfhose ist ein tadelloser **Wischhelfer,** da sich das Nylon leicht elektrostatisch auflädt. Wer den Strumpf auf einen **Drahtkleiderbügel** spannt, stöbert damit unterm Bett auch die hintersten Wollmausverstecke auf.

Auf den Kopf stellen und ausschütteln ist ein Anfang, aber um Computerkeyboard, Fernbedienung und Telefon ritzentief zu reinigen, müssen schon **Zahnstocher** und **Haftnotizzettel** ran.

Elektrogeräte sind Staubmagnete. Dagegen hilft, ein **Trocknertuch** zum Staubtuch umzufunktionieren oder das normale Staubtuch mit Weichspüler anzufeuchten.

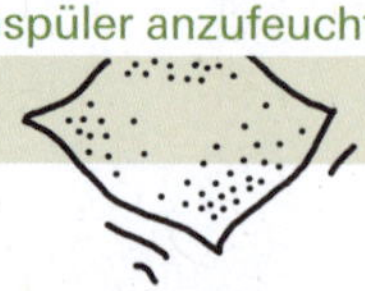

Die Windungen eines Heizkörpers

lassen sich am besten von Staub befreien, indem man mit dem **Föhn** alles runterpustet. Wichtig: Vorher um und unter den Heizkörper ein großes **feuchtes Tuch** oder Laken legen, um den Staub aufzufangen.

Zimmerpflanzen

können als fleißige Staubfänger mithelfen, da einige Exemplare mit ihrer rauen Blattoberfläche die Flusen geradezu anziehen. **Efeugewächse, Farne und Orchideen** sind besonders geeignet.

Den Staubsauger

verwandelt man ganz nebenbei in eine **Duftschleuder,** die die ganze Wohnung auffrischt, indem man in ätherisches Öl getränkte Watte oder etwas Waschmittel aufsaugt.

Das Abstauben von Korbmöbeln

und anderen Gegenständen mit unebenen Oberflächen wird erleichtert, wenn man zu einem **Malerpinsel** mit Naturborsten greift.

BANANENPOLITUR

DIE BANANE WEGSPACHTELN und dann ab in den Müll mit der Schale? Schade um das nützliche Pflegemittel!

BANANENSCHALEN SIND nicht nur die bunten Verpackungen eines süßen, gesunden Snacks. Die Innenseite einer Bananenschale bringt auch Leder zum Glänzen. Dafür die Schale der Staudenfrucht in eine alten Damenstrumpf stecken, damit sich keine Fasern von der Frucht lösen und in Ritzen verfangen können, und dann lospolieren. Am Ende noch mit einem trockenen Tuch nachpolieren. Diese unkonventionelle Pflege funktioniert nur bei glatten Lederschuhen.

HOCHGLANZ FÜRS HOLZ

Wasserflecken und Kratzer sind Splitter im Auge eines jeden Holzmöbelbesitzers. So kann man sie wieder wegzaubern:

Helle Stellen an braunen Möbeln verschwinden, wenn man sie mit einer Walnuss einreibt (dem essbaren Inneren natürlich). Gegen Kratzer auf Möbeln hilft auch eine Paranuss.

Kleinere Kratzer lassen sich auch mit Schuhcreme oder einem Wachsmalstift unsichtbar machen, wenn diese annähernd dem Farbton des Holzes entsprechen.

Wasserflecken auf dem Holztisch sind lästig. Bei einem groben Tisch hilft Stahlwolle, mit Zitronenöl getränkt. Bei einem wertvolleren Tisch kann man die weißen Ringe richtig lange auf höchster Stufe föhnen. Oder man legt ein Stück Stoff drauf und bügelt vorsichtig, bis der Fleck weg ist.

Holzwürmer fängt man, indem man geschälte, frische Eicheln an befallenen Möbeln befestigt. Die Eicheln locken die Würmer aus dem Holz hervor. * * *

Ist das Möbelstück klein genug für die Gefriertruhe? Dann in Folie einpacken und ein paar Tage lang auf Eis legen, um die Würmer und ihre Eier abzutöten.

Kaugummi klebt unter dem Tisch? Mit Vaseline einreiben, bis er sich löst, oder mit einem Eiswürfel kühlen und einfach abpflücken.

Eichenmöbel mit Partyresten aufpolieren: ½ l Bier, etwas Bienenwachs und 2 TL Zucker werden ruckzuck zu einer feinen Politur. Mit einem Ledertuch nachreiben.

Gutes Holzpflegemittel gefällig? Den Saft von vier Orangen und getrocknete Orangenschalen (in Stücken oder besser gerieben) in 200 ml Olivenöl geben und mindestens eine Woche ziehen lassen. Einfach einen Schuss davon in den Eimer mit Wasser.

DIREKT VON DER STANGE

WIRD ES IHNEN ZU BUNT mit dem Durcheinander von Flaschen in der Dusche? Dann rauf damit auf die Stange.

ES GIBT VIELE GRÜNDE, mit dem Stauraum in der Dusche unzufrieden zu sein. Sind Sie einer von vielen in einer Großfamilie oder WG, in der sich alle eine einzige Dusche teilen? Oder verwöhnen Sie sich gerne mit einer Vielzahl an Produkten? Egal. Auf jeden Fall kann eine Teleskopstange, die sonst zum Anbringen von Vorhängen verwendet wird, ganz ohne Bohren und Schrauben einen bequemeren Zugriff aufs persönliche Pflegearsenal ermöglichen.

PUTZ-APPS

SCHNELL GRIFFBEREIT wie die Icons auf dem Startbildschirm: So lässt sich ein Schuh-Organizer zum Ordnen von Reinigungsmitteln nutzen.

Eignet sich auch perfekt zum **VERSTAUEN** von Nägeln und Schrauben, Bastelbedarf, Kabeln, Spielzeug, Lebensmitteln und vielem mehr.

Ein Organizer aus Leinen ergibt mit **PFLANZEN** und Erde draußen einen senkrechten Garten. Dazu den Boden durchlöchern.

CHAOS IM BAD? Da wird dieser Wandhalter, dessen Fächer eigentlich für Schuhe gedacht sind, zur Rettung gegen das ewige Durcheinander von Putzmitteln oder anderen „frei fliegenden" Dingen.

DIE HALTERWAND hat meist 16 Fächer. Die eignen sich auch für vieles andere, wie Haarspray, diverse Bürsten, ein Bündel Kerzen oder Brillenetuis. Vielleicht findet sogar der Föhn Halt, wenn eine Steckdose in der Nähe ist.

Den Spülhorizont erweitern

Die Geschirrspülmaschine bisher nur zum Geschirrspülen benutzt? Wieso denn bloß? **Grobe Faustregel:** Dinge aus Leder, Holz und Gusseisen sind ungeeignet. Glas, Plastik, Keramik und Metall: kein Problem.

SPÜLE LIEBER UNGEWÖHNLICH!

Teller, Tassen und Bestecke – das sind die üblichen Verdächtigen, die man im Geschirrspüler erwartet. Doch damit sind die Fähigkeiten der guten Maschine noch lange nicht ausgereizt. Reinigen lässt sich dort noch viel mehr!

Putzhelfer wie Handfeger und Kehrschaufel aus Kunststoff wandern gerne in die Maschine. Spülschwämme und -bürsten lassen sich am besten im Besteckkasten mitwaschen.

Kinderspielzeug wie Bausteine: immer rein damit! Achtung: elektrisches Spielzeug überlebt den Waschgang nicht! Auch ungünstig: Spielzeug, das hohl ist – leicht kann Wasser darin eingeschlossen werden, sodass Schimmel droht. Stofftiere können empfindlich sein – deshalb nur bei maximal 45 °C waschen.

Babybedarf wie Flaschen, Löffel und Sauger bei 65 °C gründlich säubern und anschließend trocknen.

Haustierbedarf wie Knautschtiere und Näpfe sind kein Problem, aber aus hygienischen Gründen, wie bei vielen anderen Dingen auf dieser Liste, nicht gleichzeitig mit Geschirr waschen.

Baseballmützen werden bei bis zu 45 °C von hartnäckigen Schweißrändern befreit.

Zahnbürsten der Mundhygiene zuliebe alle drei Monate austauschen, aber vorher gern schon bei 60 °C oder mehr mit Spülmittel in die Maschine geben, ohne Geschirr mitzuwaschen. Ebenso geeignet: Zahnputzbecher und Seifenschalen.

Haarbürsten und Kämme haben ebenfalls nichts gegen die Spülmaschine einzuwenden, aber Haare vorher entfernen, sonst verstopfen sie das Sieb.

Kontaktlinsenbehälter sind auch willkommen, sollten aber spätestens nach drei Monaten ausgetauscht werden.

Werkzeuge und Gartengeräte aus Edelstahl ohne Holzgriffe sind perfekte Kandidaten.

Turnschuhe mit Sohle nach oben im oberen Korb verstauen (Einlegesohlen und Schnürsenkel entfernen). Bei niedriger Temperatur waschen. Danach mit Zeitung ausstopfen. Ebenso geeignet: Gummistiefel und Badelatschen. Die Sohlen vorher grob reinigen, damit das Sieb nicht verstopft. Bevor man wieder Geschirr reintut, empfiehlt sich ein Leerwaschgang mit Essig und Natron.

Gemüse und Obst wie Kartoffeln und Äpfel lassen sich im Kaltwaschgang von nicht zu grobem Schmutz befreien – lohnt sich besonders bei großen Mengen. Dabei auf Spülmittel und Trockenprogramm verzichten.

ÜBER DEM ABGRUND

DER KLOBÜRSTENHALTER verwandelt sich immer wieder in ein fauliges Sumpfgebiet? So hält man ihn trocken.

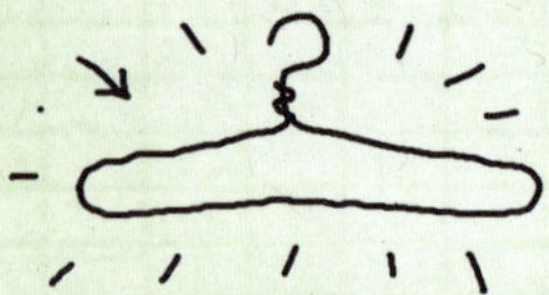

Verstopft und keine Saugglocke zur Hand? **DRAHTKLEIDERBÜGEL** mit einer Zange aufknipsen, zurechtbiegen und damit stochern.

Schwächelt die Saugglocke? Ihre **SAUGKRAFT** erhält einen tüchtigen Boost, wenn man um den Ring des Gummiteils etwas Vaseline schmiert.

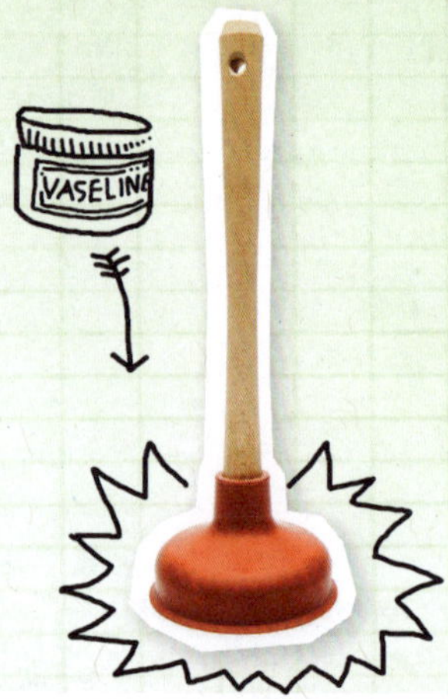

WER DIE KLOBRILLE bisher nur als Abstandhalter zwischen kalter Schüssel und warmem Hintern wahrgenommen hat, unterschätzt sie gewaltig. Denn sie ist zudem noch eine sehr nützliche Klemmvorrichtung.

ES EMPFIEHLT SICH, der feuchten Bürste hier einen Zwischenstopp zu gönnen, damit sie abtropfen kann, bevor man sie in den Halter stellt. Dieser einfache Handgriff bewahrt den Halter vor seinem Schicksal als Feuchtbiotop.

RUND UM DEN ABFLUSS

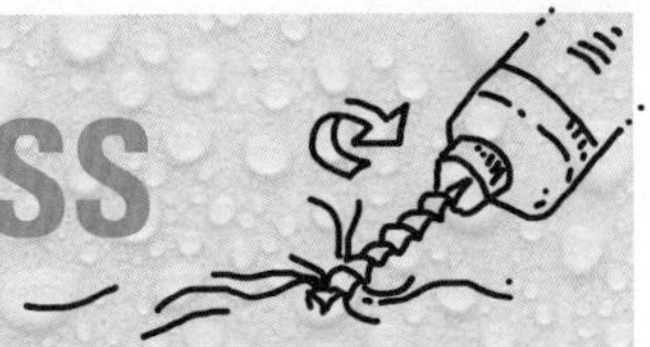

Vorbeugen ist besser

Jede Woche eine Handvoll Salz mit einer Tasse kochendem Wasser reingießen. Auch kochend heißes Kartoffelwasser ist ein gutes Reinigungsmittel.

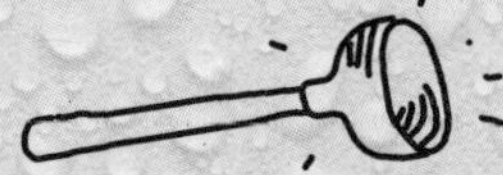

Der Pömpel

Solch eine Saugglocke kann gut helfen. Auf den Abfluss setzen, Wasser einlaufen lassen, den Überlauf mit einem feuchten Tuch zuhalten – und heftig pumpen.

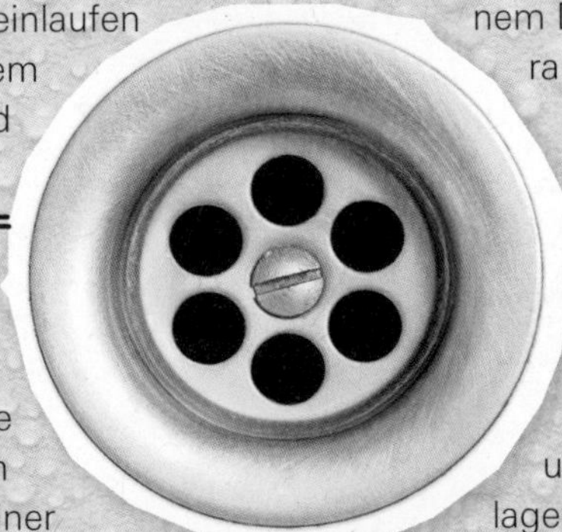

Beim Waschbecken

Vier Esslöffel Backpulver in den Abfluss, eine halbe Tasse Essigessenz hinterher – dann hört man's sprudeln. Nach einer Weile heißes Wasser zum Reinigen hinterherkippen. Alternativ zum Backpulver kann man auch Natron oder Waschsoda nehmen.

Besonders lästig: Haare

Mit einer alten Zahnbürste oder einer Flaschenbürste kann man gut im Sieb rumstochern, die Haare bleiben dran hängen. Es geht auch ein Akkuschrauber mit Bohrer, der in die entgegengesetzte Richtung dreht: Weil sie so schön kleben, verfangen sich die Haare an dem Bohrer.

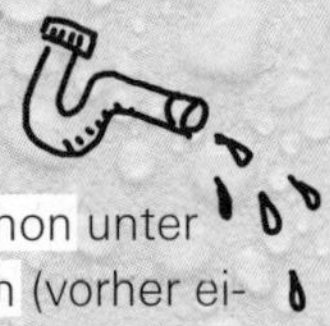

Wenn alles nichts hilft ...

... muss man eben doch den Siphon unter dem Waschbecken aufschrauben (vorher einen Eimer drunterstellen). Nun geht mit einem Draht und etwas Geduld alles raus. Es ist sinnvoll, bei dieser Gelegenheit gleich die Gummiabdichtungen zu erneuern.

Mit einer Rohrspirale ...

... muss man vorsichtig umgehen, um hartnäckige Ablagerungen durch den Siphon hindurch in der Fallröhre zu lösen – denn dabei kann leicht das Rohr beschädigt werden.

Schön fürs Auge, gut für die Nase

Wenn es aus dem Ausguss riecht – hilft es, eine Sodatablette aufs Abflusssieb zu legen und mit kochendem Wasser zu überbrühen. Der Abfluss im Klo wird wieder sauber, wenn man 200 ml Essigessenz hineintut, eine Stunde wirken lässt und dann ausschrubbt.

PARTYSAUEREIEN

FEIERNDE MENSCHEN sind nicht gerade dafür bekannt, sich an alle Regeln der Reinlichkeit zu halten. So wird's wieder wohnlich zu Hause.

Asche auf dem Teppich?

Nicht planlos rumreiben, sonst verteilt sich alles. Stattdessen links neben das Häufchen ein **Blatt Papier** legen und rechts davon mit der Hand auf den Teppich **klopfen.** Die Asche hüpft brav aufs Papier.

Fruchtsaft verschüttet?

Eingetrocknete Flecken in der Kleidung mit einer **Paste aus Salz und Wasser** bestreichen, eine Viertelstunde einwirken lassen, normal waschen.

Gemeiner Mief

Um Zigarettenqualm und sonstige Ausdünstungen zu verscheuchen, am Morgen danach ein **feuchtes Handtuch** durch die Luft **wedeln.** Je nach Lust und Laune etwas Duftöl dazugeben. Auch das Aufstellen von Schalen mit Essig neutralisiert den Geruch.

Brandflecken

in Textilien behandelt man mit kaltem Wasser. Schwerere mit **Salz,** noch stärkere mit **Wasserstoffsuperoxid** – und jeweils mehrere Stunden in die Sonne legen. Ein altes Hausmittel: **Zwiebelsaft, Essig** oder **Zitronensaft** über Nacht einwirken lassen.

Rotwein auf dem Teppich?

Schnell die Bar plündern: Etwas **klares Hochprozentiges** (Wodka, Gin, weißer Rum) auf den Fleck träufeln und mit einem Lappen so viel wie möglich aufsaugen. Wenn die rote Farbe verschwunden ist, mit Wasser und Spüli **nachbehandeln.**

Schoki auf der Couch?

Zunächst mit lauwarmem **Seifenwasser** ausreiben, dann klar ausspülen, mit **Zitronensaft** beträufeln und erneut ausspülen.

SCHLÄMMKREIDE

Es ist Zeit, ein altes Hausmittel und seine vielseitigen Anwendungen neu zu entdecken.

Die Schlämmkreide (gereinigtes Kreidepulver), auch unter dem Namen Heilkreide bekannt, ist eine umweltschonende Alternative zu chemischen Scheuer- und Poliermitteln. Sie ist ein günstiges Naturprodukt, das es in Reformhäusern, Drogerien und im Internet zu kaufen gibt.

Mit Spiritus gemischt bringt sie Chrom in Küche und Bad zum Glänzen und beugt der Bildung von Kalk vor.

Dreckige Fliesen und Fugen haben gegen die Kreide keine Chance. Mit etwas Zitronensaft oder Essig mischen, feste mit einer alten Zahnbürste reiben, einwirken lassen und mit klarem Wasser abspülen.

Ihr Talent im Kampf gegen Beläge und Verfärbungen hat dazu geführt, dass Schlämmkreide vermehrt auch zum Reinigen der Zähne benutzt wird. Schlämmkreide allein als Zahnpasta-Ersatz zu verwenden, ist aus zahnmedizinischer Sicht allerdings nicht zu empfehlen: Es ist zwar löblich, auf die in üblichen Zahnpasten enthaltene Chemie verzichten zu wollen, aber dabei gingen einem dann auch die Fluoride durch die Lappen, die den Zahnschmelz härten. Der Schutz vor Karies und Parodontose bliebe dann also aus.

Gegen leichte Kratzer im Fensterglas hilft Schlämmkreide ebenso. Eine Paste aus Wasser und Kreide anmischen und mit einem Lappen vorsichtig über die Stelle streichen. Abspülen. Dann herrscht wieder klare Sicht.

Gegen Fettspritzer auf Kleidungsstücken: Kreide in die verschmutzte Stelle einmassieren, zehn Minuten einwirken lassen, dann ausbürsten. Anschließend wie gewohnt waschen.

Als entzündungshemmende Gesichtsmaske hilft die Kreide auch gegen fettige Haut, Peeling-Effekt inklusive.

ZAHNPASTA WIRKT WUNDER

Dass man Zahnpasta und -seide nicht nur zum Optimieren der Mundhygiene einsetzen kann, zeigen diese pfefferminzfrischen Tipps.

Der Geruch von Fisch und Zwiebeln ist nach dem Zubereiten des Essens nur schwer von den Händen zu kriegen. Während duftintensivste Seifen da gerne kapitulieren, trumpft Zahnpasta frisch auf. Einfach einreiben und gründlich abspülen.

Kratzer auf CDs und DVDs sind lästig und frustrierend. Wenn sie nicht allzu tief sind, können sie mit Zahnpasta repariert werden. Dazu einen Tupfer auf ein Tuch geben und vorsichtig über die Silberscheibe reiben, danach feucht abwischen und trocknen. Die Putzkörper der Zahnpasta schmirgeln die Oberfläche des Ton- oder Bildträgers dezent glatt.

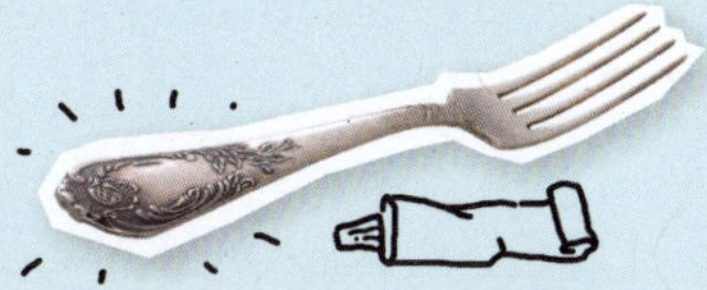

Der graue Schleier auf Silberbesteck oder -kette bleibt resistent? Zahnpasta hilft weiter. Das Silber damit einreiben und in warmes Wasser tauchen. Zusammen mit der Zahnpasta lösen sich die oxidierten Silberpartikel und das Silber glänzt wieder.

Die Taucherbrille beschlägt beim Schwimmen andauernd? Von innen mit Zahnpasta einreiben, abwischen und mit klarer Sicht durchs Wasser gleiten.

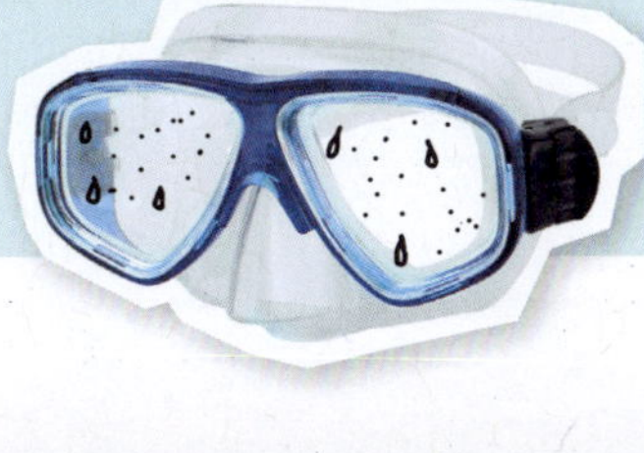

Zahnseide ist so reißfest, dass sie sich auch als improvisierte Wäscheleine verwenden lässt, wenn Kleiderbügel gerade fehlen oder die normale Leine schon voll belegt ist.

Ofenfrische Plätzchen, die am Blech kleben, lassen sich mit Zahnseide problemlos lösen, ohne zu zerbrechen. Einfach ein Stück Seide mit beiden Händen stramm ziehen und zwischen Blech und Backwaren entlangführen.

Besonders weiche Kuchen und Käse lassen sich mit Zahnseide sauber schneiden. Das Hantieren mit einem Messer kann zur Qual werden, wenn immer etwas daran kleben bleibt. Aber wenn man die Zahnseide spannt und zum Beispiel von oben nach unten durch einen Ziegenkäse fährt, bleibt einem das Rumgeschmiere erspart.

DRAHTBÜGEL-HÄNGEMÜLLEIMER

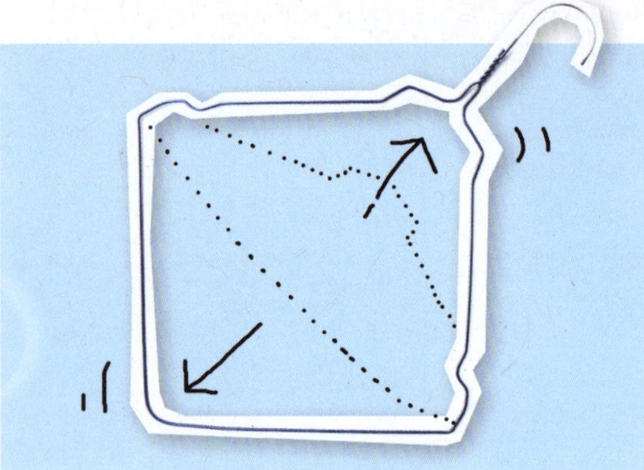

1. Zwei Kleiderbügel aus Draht in eine annähernd quadratische Form zurechtbiegen, dazu am Haken festhalten und nach unten ziehen.

2. Die Bügelhaken anschließend senkrecht nach oben biegen.

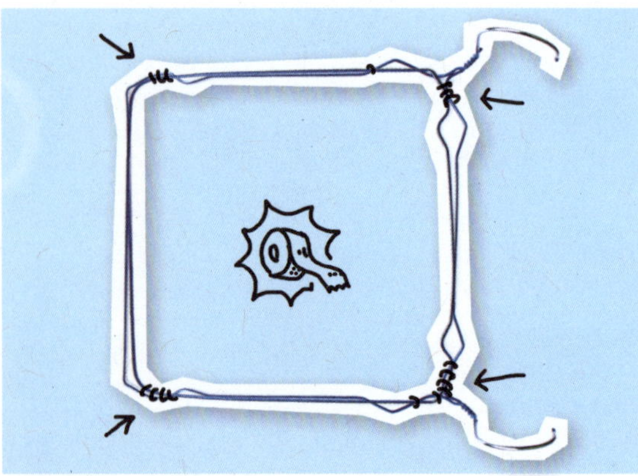

3. Beide Bügel übereinanderlegen, sodass die Haken nebeneinander an einer Seite platziert sind, und an den Ecken mit Klebeband oder Kabelbindern zusammenfügen.

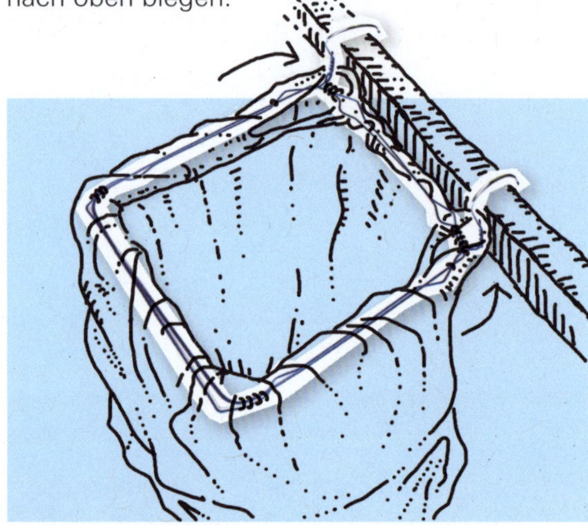

4. Die Schlaufen einer Plastiktüte über die Haken hängen und den Tütenrand am Drahtgestell einklemmen. Der fertige Mülleimer lässt sich etwa bei der Gartenarbeit am Zaun anbringen.

UPGRADE FÜR DEN EIMER

DA GEHT NOCH WAS! Wie oft stopft man immer noch mehr Müll rein, bis der Rand des Beutels nach unten mit in den Abfall flutscht.

WER SICH BEIM FÜLLEN des Eimers gern überschätzt, kann vorbeugen: Um den Müllsack im Behälter an Ort und Stelle zu halten, an beiden Seiten einen Selbstklebehaken umgekehrt anbringen und die Schlaufen dort einhängen.

UM ZU VERHINDERN, dass der volle Sack beim Rausziehen bockt, weil er sich festgesaugt hat, zwei Löcher in den Eimer bohren, ein paar Zentimeter über dem Boden, damit im Fall undichter Stellen keine Flüssigkeit rausschlabbert.

GEMEINE GERÜCHE

Ein altes Buch

lässt sich entmuffen, indem man es über Nacht mit **Katzenstreu** in einen Karton legt.

Eine antiquarische Kommode

oder einen Schrank vom Flohmarkt **mit Essig auswischen**. Oder: Badesalz, Kaffeepulver und Zitronenscheibe in Wasser eingelegt – zieht den Muffgeruch ab und duftet gut. Oder: **Orangenscheiben** hineinlegen.

Wenn das Hemd

nach dem Abend in einer verrauchten Kneipe den Qualmgeruch nicht loswird, mit einem **Trocknertuch** in einen verschließbaren Plastikbeutel packen.

Damit Kleidung und Bettwäsche

immer herrlich frisch riechen, egal wie lange sie nicht zum Einsatz kommen, ein Stück **eingepackte Seife** mit in den Schrank legen. Um Feuchtigkeit, die Kleider im Schrank müffeln lässt, zu reduzieren, **ein wenig Kreide** reintun.

Für Teppich oder Sofa

hilft **Natron.** Es reinigt, desinfiziert und neutralisiert Gerüche. Man kann es direkt auf die müffelnde Fläche streuen, **über Nacht wirken lassen,** am nächsten Tag absaugen.

Zitronensaft hilft,

wenn sich in einem geschlossenen **Plastikbehälter mit Deckel** ein unangenehmer Geruch hält. Einmal durchschwenken und für einen Nachmittag in die Sonne stellen.

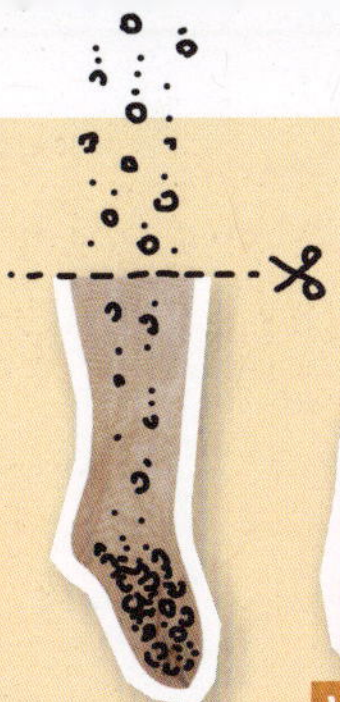

Wenn die Sneakers

stinken, den abgeschnittenen Fuß einer alten **Nylonstrumpfhose mit Katzenstreu** füllen, reinstecken und über Nacht einwirken lassen. Bei Härtefällen: **Babypuder** reinstreuen und die Schuhe über Nacht in einem Plastikbeutel verpackt **ins Eisfach** verbannen.

Bratengeruch hängt in der Wohnung?

Etwas **Vanillearoma** in eine Schüssel mit Wasser tröpfeln und bei 50 Grad im Backofen erhitzen. Wer's fruchtiger mag: **Orangen- und Zitronenschalen** in einen Topf mit Wasser geben und dieses auf dem Herd verdampfen lassen.

RAUMDUFT, BADEZUSATZ ODER MASSAGEÖL

1. Eine Handvoll getrockneter Kräuter, zum Beispiel Lavendelblüten, in ein sauberes Schraubglas geben und mit Pflanzenöl aufgießen, bis die Kräuter komplett bedeckt sind.

2. Das Glas verschließen und 3–6 Wochen an einem warmen Ort lagern. Direkte Sonneneinstrahlung vermeiden. Das Glas jeden Tag schütteln. Dies beugt der Schimmelbildung vor.

3. Wenn alles gut durchgezogen ist, werden die Kräuter mit einem Teesieb oder einem sauberen Tuch und einem Trichter abgesiebt.

4. Das Öl in eine Glasflasche gießen. Gut verschließen und beschriften. Sonnenblumenöl hält bis zu einem Jahr, Olivenöl bis zu zwei Jahre, besitzt allerdings einen stärkeren Eigengeruch.

DUFTE LAMPE

NICHT NUR KERZEN können gegen dicke Luft anstinken – auch eine Lampe packt's, wenn man ihr eine nette Abreibung verpasst.

Achtung: Niemals Duftöl auftragen, solange die Lampe noch an den **STROMKREIS** angeschlossen oder heiß ist.

Keine Halogenlampen verwenden! Auch Kompaktleuchtstofflampen sind hierfür **UNBRAUCHBAR**, da die Wärmeentwicklung sehr begrenzt ist.

ETWAS DUFTÖL ODER PARFÜM auf ein sauberes antistatisches Tuch geben und damit das Glas einer staubfreien LED-Lampe – ist aufgrund ihres warmen Lichts besonders für den Wohnbereich geeignet – dünn einreiben. Vorsicht: Nichts aufs Gewinde tropfen! Für 20–30 Minuten trocknen lassen und wieder in die Fassung schrauben. Jedes Mal, wenn die Lampe angeschaltet wird, verströmt sie ein herrliches Aroma im ganzen Zimmer. Öfters auffrischen!

KRASS KLEBRIG

Kaugummi in den Haaren lässt sich auch mit **Erdnussbutter, Vaseline** oder **Kriechöl** aufweichen.

Wundpflaster lösen sich schmerzfrei, wenn man sie vorher mit **Speise- oder Babyöl** beträufelt und dieses kurz einwirken lässt.

Damit beim Freischaufeln des Gehwegs der Schnee nicht an der Schippe kleben bleibt, vorher einfach mit **Speiseöl** einreiben.

Die Düse der Haarspraydose ist verklebt? Ein paar Sekunden unter **heißes Wasser** halten, dann lässt sich das weiche Harz leicht abkratzen. Ein Härtefall? Dann über den **Dampf des Wasserkochers** halten und danach mit einer Nadel durchstechen.

Um eine Briefmarke

schnell und unbeschädigt vom Umschlag zu lösen, einige Tropfen **Wasser** daraufgeben und für 15 Sekunden ab damit in die **Mikrowelle.**

Kaugummi an der Hose

mit Eiswürfel oder Kühlakku **härten** und dann mit einem Messer wegspachteln. Oder gleich die Hose in einer Plastiktüte ins **Gefrierfach** verfrachten.

Sandige Füße

nach einem Tag am Strand? Am besten großzügig mit **Babypuder** bestreuen und schon lässt sich der Sand superleicht abwischen.

Chemiefreier Bastelkleber

für Holz und Glas gefällig? Einfach ein Blatt **Gelatine** zerkleinern und in etwas Tafelessig auflösen.

DIE KARRE SOLL STRAHLEN

Der fahrbare Untersatz will gepflegt sein – nicht nur in der Waschanlage.

Autoaufkleber gehen schwer ab, weil sie ja auch in der Waschanlage halten sollen. Mit einem Föhn anwärmen, in einer Ecke anfangen und Stückchen für Stückchen abziehen. Eventuell mit einem Schaber nachhelfen. Reste gehen mit einem Schmutzradierer ab.

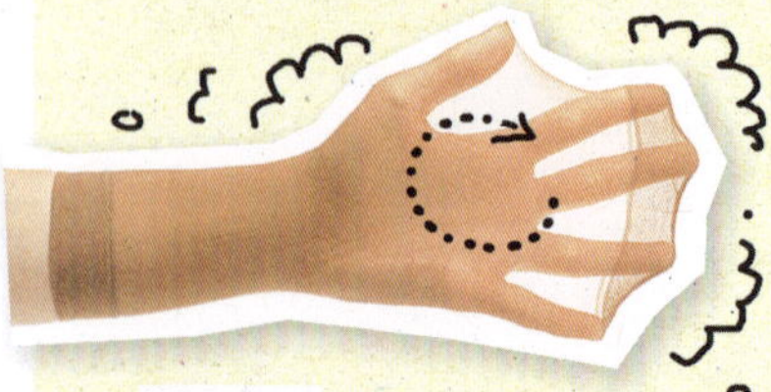

Waschen garantiert ohne Kratzer geht mit einer alten Nylonstrumpfhose als Lappen.

Scheibenwischer werden sauber und glänzend – mit Zahnpasta auf einem weichen Tuch. Auch oberflächliche Kratzer lassen sich gut mit Zahnpasta entfernen. Trübe Scheinwerfer? Eine Abreibung mit Zahnpasta wirkt Wunder.

Es riecht nach kaltem Zigarettenqualm? Ein halber Apfel über Nacht im Auto sorgt für frischen Duft. Auch eine offene Schale mit gemahlenem Kaffee wirkt über Nacht Wunder für die Innenluft. Und wenn es so frisch bleiben soll, einfach etwas Natron oder Kaffeebohnen im Aschenbecher lagern.

Die Polster haben's nötig? Das schafft eine Essig-Wasser-Mischung 3:1 auf einem leicht befeuchteten Putzlappen.

Wer seinem Auto einen besonders strahlenden Glanz verpassen will, wäscht es mit einem Haar-Conditioner, der Lanolin (Wollwachs) enthält.

Kleine Makel am Lack lassen sich mit klarem Nagellack versiegeln, bevor Rost entstehen kann. Auch auf der Windschutzscheibe leistet der Kosmetikartikel gute Dienste: Wenn dort kleine Risse entstanden sind, kann eine Behandlung mit Nagellack verhindern, dass sie sich weiter ausbreiten.

Im Getränkehalter sammelt sich immer ein unappetitlicher Bodensatz an? Dann ein Muffinförmchen aus Papier oder Silikon reinlegen, das man zum Müllabtransport praktisch rausnehmen und entleeren kann.

SÜSSER REINIGER

COLA KANN DAS? Ja, wenn mal wieder alles mit Fliegenleichen zugepflastert ist, einfach zur braunen Brause greifen. Aber gut nachspülen, sonst klebt's.

DAS STECKT ALLES IN COLA: Wasser, Zucker, Kohlensäure, Farbstoffe, Phosphorsäure und Aromen. Beim Reinigen zählt die Phosphorsäure, die in höherer Konzentration auch in Rostentfernern enthalten ist.

IN DER KÜCHE hilft Cola bei angebrannten Pfannen weiter und im Garten kann sie dem Moos den Garaus machen. Auch gegen Kalk im Wasserkocher kommt Cola rein theoretisch an, aber da sind Essig und Zitronensäure effektiver.

PUTZJOBS DES GRAUENS

Die Mikrowelle

sieht aus, als ob darin Chili con Carne explodiert wäre? Eine **Schale mit Wasser und Zitronenstücken** hinein und für 3 Minuten auf höchster Stufe verdunsten lassen. Danach den Schlamassel problemlos wegwischen.

Die Schimmelkolonie

im Bad breitet sich aus? Nicht trocken abwischen, sonst verteilen sich die Sporen überall. Besser: Fenster aufreißen, mit 70-prozentigem **Isopropylalkohol oder Brennspiritus** befeuchten. Trocknen lassen. Nochmals betupfen. Und nach 30 Minuten mit Papiertüchern wegwischen.

Erbrochenes auf dem Teppich?

So viel wie möglich mit einem stumpfen Messer wegkratzen. Mit Küchentüchern aufsaugen. Mit **Natron** bestreuen und eine Stunde einwirken lassen. Das Natron mit dem Staubsauger verschwinden lassen und mit einem Tuch nachwischen.

Die Kaffeemühle

riecht ranzig? Öle und Fette haben sich abgesetzt und beeinträchtigen auch den Geschmack des Kaffees. Um die Rückstände zu beseitigen, eine Handvoll **Dinkelkörner** oder **ungekochten Reis** darin zermahlen.

Der Blick in den Ofen

lässt das Blut gefrieren? **Natron mit Wasser** im Verhältnis 1:1 auf die Verkrustungen auftragen und über Nacht einwirken lassen, danach mit einem feuchten Lappen wegwischen. In den gruseligsten Fällen noch Essig draufsprühen und ein weiteres Mal wischen.

Ihr Nachwuchs

hat seinen inneren Picasso entdeckt und sich auf der weißen Wand mit Wachsmalstiften künstlerisch selbstverwirklicht? **Weiße Zahnpasta** drauf und losbürsten. Anschließend mit einem Papiertuch wegwischen.

Hinter der Waschmaschine

wimmeln Silberfischchen? Man fängt sie mit einem **mit Gips** bestreuten Baumwolllappen, unter dem sie sich nachts sammeln. Auch eine **geriebene halbe Kartoffel** auf einer Zeitung lockt die Tierchen.

IM AMEISENKNAST

WENN DIESE KLEINEN ungebetenen Gäste Ihr Haus heimsuchen, können Sie sie ganz einfach in ihre Schranken weisen: mit Kreidestiften.

Nerven können sie, aber Ameisen sind nützlich. Also nicht gleich die Chemiekeule auspacken, sondern ihnen lieber die **GRENZEN ZEIGEN**.

Auch **LAVENDEL**, Thymian, Kerbelkraut, Gewürznelken und Essig halten die Krabbeltierchen fern.

AMEISEN HASSEN KREIDE UND KALK. Streifen aus beiden Stoffen übertreten die Tiere nicht. Es ist, als ob sie vor einer unüberwindbaren Mauer kapitulieren würden. Wenn sie sich versammeln, kann man mit Kreide einen dicken Schlussstrich ziehen, um den Ameisenverkehr umzuleiten. Zieht man einen Kreidekreis, zum Beispiel um eine Zuckerschale, die sie gerade belagern, sind sie gefangen und können in aller Ruhe abgesammelt oder aufgesaugt werden.

ABC DER LÄSTIGEN TIERCHEN

So setzen Sie dem großen Krabbeln und Flattern, Kreuchen und Fleuchen rund um Ihre Wohnung problemlos ein Ende.

Fliegen halten sich fern, wenn im Zimmer ein Schälchen mit Essig aufgestellt wird. Ebenso, wenn man vor die Fenster Sträuße frischer Brennnesseln stellt. Oder Rizinuspflanzen in Töpfen. Oder Basilikumpflanzen.

Fruchtfliegen lassen sich in eine mit Wasser, Essig und einem Spritzer Spülmittel gefüllte Schale locken. Perforierte Alufolie darüberlegen, damit sie rein-, aber nicht mehr rauskommen.

Kellerasseln fängt man in Flaschen, in denen man etwas Weingeist an den Flaschenwänden geschüttelt hat. Die Asseln lieben Alkohol, ziehen in die Flaschen und werden darin betäubt. Die Flaschen täglich leeren.

Küchenschaben (Kakerlaken) werden vertrieben, wenn man Gurkenschalen in ihre Schlupfwinkel steckt. Eine Schüssel mit gekochten Kartoffeln, mit Gras bedeckt an einer Wand aufgestellt, dient als Falle.

Lebensmittelmotten lassen sich durch Lorbeerblätter abschrecken.

Maden kommen nicht in den Käse, wenn man ihn mit Nussbaum- oder Johannisbeerblättern einwickelt.

Mäuse werden vertrieben, wenn man Kampfer in ihre Löcher streut oder getrocknete, feingestoßene Oleanderblätter, mit trockenem Sand vermischt. Büschel von Pfefferminzkraut und wilder Kamille unter Betten und Schränken helfen auch.

Milben werden abgetötet, wenn betroffene Stellen öfter mit Knoblauch- oder Zwiebelsud begossen werden.

Motten vertreibt man durch getrocknete Orangenschalen in einem Stoffbeutel aus dem Kleiderschrank. Oder durch getrockneten Steinklee in Stoffbeuteln zwischen den Kleidern.

TIERISCH SAUBER

Haarige Angelegenheiten

Tierhaare lassen sich mit angefeuchteten Putzhandschuhen einfach wegstreichen. Sie bleiben am **Gummi** kleben und können leicht entsorgt werden. Anstelle der Handschuhe wirkt auch ein Fensterabzieher Wunder.

Müffelndes Katzenklo

Reicht das Katzenstreu nicht aus, um den Gestank zu neutralisieren? Nachdem alle Kotstücke mit einer Schaufel entfernt wurden, eine **Packung Natron** aufs Streu rieseln lassen.

Badezeit

Hunde mögen die glatten, kalten Oberflächen von Badewanne und Waschbecken nicht. Beim Baden einfach ein **Handtuch** unterlegen. Und schon fühlen sie sich pudelwohl.

Zahnpflege

Bei Hunden, die sich nur ungern die Zähne putzen lassen, die Hundezahnpasta auf das **Lieblingsbeißspielzeug** streichen. So findet die Paste über Umwege doch noch zu den Beißerchen.

Grenzen setzen

Platzieren Sie am Rand von Kommode oder Küchentisch eine **Klebebandschlaufe** mit der klebrigen Seite nach oben. Katzen mögen es nicht, wenn ihre Pfoten an etwas hängen bleiben. Oder sprühen Sie die Oberfläche mit **Duftölen** wie Zitrone und Pfefferminz ein. Katzen haben empfindliche Nasen.

Kleine und große Geschäfte

Kot auf dem Teppich? Das Gröbste per Hand entfernen und mit Küchentüchern aufsaugen. Den Fleck großzügig mit **Natron** bestreuen, eine halbe Stunde einwirken lassen. Dann absaugen und eine Mischung aus 2 Tassen lauwarmem Wasser, einer Vierteltasse **weißem Essig** und einem **Spritzer Spülmittel** in den Teppich reiben. Mit kaltem Wasser auswaschen und mit einem Handtuch trocknen.

Atemfrisch

Kommen üble Gerüche aus dem Maul Ihres Hundes? Einfach frische **Petersilie** unters Futter mischen.

Kleine Biester

Falls Ihr Hund von Ungeziefer heimgesucht wird, hilft dieses **Rezept für ein Flohshampoo** weiter: 1 Tasse Wasser mit je 4 TL Spülmittel und weißem Essig vermengen. **Achtung:** Beim Einseifen aufpassen, dass nichts in die Augen kommt. 5 Minuten einwirken lassen. Das Fell mit einem feinen Kamm durchkämmen. Mit klarem Wasser ausspülen und trocknen.

So wird ein Schuh draus,
der ganz hervorragend ohne die Batterie von Tuben und **Spraydosen** zurechtkommt, die man beim Kauf an der Kasse immer aufgeschwatzt bekommt.

GEPFLEGTER AUFTRITT

Wer täglich von Neuem mit Füßen getreten wird, verdient zum Ausgleich wenigstens ein paar erholsame Streicheleinheiten – mit Zahnpasta, Zwiebeln und Haarspray. Mit diesen ungewöhnlichen Tricks halten Sie Ihre Schuhe locker bei Laune.

Wenn vom Weiß der Sohlenränder bei Sneakers nicht mehr viel zu erkennen ist, Zahnpasta auf eine Bürste geben und abschrubben. Die Zahnpasta sollte hierfür komplett weiß sein – also die mit den vielen bunten Streifen nur für die Zähne reservieren.

Nasse Lederschuhe nie auf der Heizung oder in der Sonne trocknen – das Leder wird sonst rissig. Stattdessen fest mit zerknülltem Zeitungspapier ausstopfen.

Stoffschuhe imprägnieren: Wenn Sie zu den Hartnäckigen gehören, die auch bei Gewittern sowie im Herbst und Winter nicht auf ihre Leinenschuhe verzichten wollen, kann Ihnen mit dieser Imprägnierungsmethode zu trockenen Füßen verholfen werden.

Mit einer Kerze die Stoffbereiche der Schuhe komplett einreiben. Anschließend das Wachs quasi in den Stoff hineinföhnen (mittlere Hitzestufe). Das Resultat hält nicht so dicht wie Gummistiefel, aber das Wasser perlt schön ab.

Die Schnürsenkel lösen sich immer wieder? Einfach mit Haarspray fixieren. Dieser Trick erweist einem besonders beim Sport gute Dienste.

Wenn in High Heels oder Flipflops die Füße hin und her rutschen, hilft auch hier etwas Haarspray im Inneren weiter und verleiht den nötigen Halt.

Wer hohe Stiefel hat, kennt das Problem: Sobald man sie auszieht und in die Ecke stellt, will der Schaft einfach nicht stehen bleiben und klappt zur Seite. Die Lösung? Einfach zwei leere Plastikflaschen hineinstellen.

Schnee- und Streusalzränder sind hässlich. Dagegen lässt sich am besten mit einer Zwiebel vorgehen: Erst die Schuhe imprägnieren, dann mit der Schnittfläche einer Zwiebel darüberreiben – die Säure entfernt die weißen Ränder restlos.

Gegen Fettflecke auf dem Schuh hilft Meerschaumstaub (das Mineral Sepiolith, gibt es in der Drogerie oder Apotheke): Draufstreuen, über Nacht einwirken lassen und abbürsten.

Bei Veloursleder ist Haarshampoo gegen eine fettige Stelle wirksam – mit lauwarmem Wasser auf einer Bürste.

FAKE HACKS UND WIE MAN'S BESSER MACHT

Tipps, die nix taugen, machen massenhaft die Runde. Während Omas Kniffe nur überliefert wurden, wenn sie sich bewährten, sieht das bei Life Hacks ganz anders aus.

Hier wird bei Facebook vieles geteilt, was überrascht und unterhält. Ob es wirklich sinnvoll ist oder gar an Selbstsabotage grenzt, gerät zur Nebensache.

Hier fünf Tricks, die man zugunsten der schlaueren Lösung besser links liegen lässt.

1 Cola in die Toilette?

Hilft Cola plus Backpulver gegen eine verstopfte Toilette? Diese Mischung erzeugt zwar tatsächlich den notwendigen hohen Druck – jedoch kann dieser auch zu groß werden und das Rohr beschädigen. Mal ganz abgesehen von der Sauerei, die die schäumende Mischung im Badezimmer verursachen kann. Wesentlich hilfreicher ist es, heißes (nicht kochendes!) Wasser aus einem Meter Höhe in die Toilettenschüssel zu kippen. Meist reicht alleine die Fallenergie aus, um die Verstopfung zu beseitigen.

2 Kaffeesatz in den Abfluss?

Kaffeesatz ist leider kein Schmirgelpapier. Er rubbelt das Rohr nicht von Essensresten frei, vielmehr vermischt sich der Sud mit den Resten im Rohr und kann zu einem regelrechten Brocken heranwachsen, den man nur noch durch das Aufschrauben des Rohres entfernen kann. Aber was hilft? Man gibt vier Teelöffel Natron in die Spüle, anschließend eine Tasse mit Essig. Sobald es sprudelt und Bläschen entstehen, mit heißem (nicht kochendem!) Wasser nachspülen.

3 Tee zum Fensterputzen?

Angeblich helfen die Gerbstoffe im schwarzen Tee dabei, Fett und Schmutz auf Fenstern zu entfernen. Klingt erst mal gut. Doch ein Teebeutel hilft bei groben Verschmutzungen auch nicht weiter – entscheidend ist die Wassermenge. Was hilft: Eine Kappe Spiritus mit Wasser mischen. Der Alkohol lässt das Wasser schneller verdunsten, sodass Kalkablagorungen und fiese Schlieren keine Chance haben. Zudem bleibt ein dünner Film auf dem Glas haften, der das Beschlagen der Fenster erschwert.

4 Putzhandschuhe als Schutz vor Keimen?

Schon ironisch: Man trägt Putzhandschuhe, um sich vor Bakterien und Keimen zu schützen, und züchtet dabei selbst welche heran. Denn die krause Oberfläche und die Feuchtigkeit erschaffen ein perfektes Bakterienbiotop. Also besser regelmäßig reinigen: Für 10–15 Minuten mit 2 TL Essig und etwas Spülmittel in heißes Wasser legen und danach vollständig trocknen lassen.

Auch von dem beliebten Trick, Spülschwämme in der Mikrowelle zu entkeimen, ist abzuraten, da zahlreiche Krankheitserreger die Hitze überleben.

5 Essig als Allzweckwaffe?

Essig ist zwar tatsächlich unschlagbar, wenn es darum geht, Geräte zu entkalken oder Flächen hygienisch sauber zu bekommen. Ungeeignet, ja sogar gefährlich, ist Essig jedoch für natürliche Gesteinsoberflächen wie Granit und Marmor, aber auch für Rohre oder Gummidichtungen! Die in Essig enthaltene Säure kann sich aggressiv in das Material hineinfressen und so die Oberfläche zerstören. In solchen Fällen also besser auf den Essig verzichten und zu alternativen Pflegemitteln greifen.

2
1
2
3

SUPERSCHICK

Beim Betrachten Ihrer vier Wände überkommt Sie ein brutaler Gähnanfall? Aber zum Renovieren fehlen gerade Zeit, Geld und Laune? Dann bringen diese Deko-Ideen genau den richtigen Kick. Mit wenig Aufwand und vielen Special Effects lassen sich Ihre öden Problemzonen im Handumdrehen aufhübschen. Schicke Hingucker garantiert.

HALBIER DAS TIER!

DIE KINDER SPIELEN nicht mehr mit Tierfiguren? Dann sind jetzt Mama und Papa dran.

SO WIRD DER DINO zum Ohrschmuck: Die Figur mit Teppichmesser oder Feinsäge zerteilen, einen Ohrstecker an eine Schnittfläche kleben, mit einer heißen Nadel ein Loch in die andere stechen. Je nach Wunsch noch umlackieren.

AUCH IN DER KÜCHE sind die Tiere los: An die Schnittfläche einfach einen kleinen Scheibenmagneten kleben – voilà, Kühlschranknotizen mit animalischer Note. Sind die Tiere hohl, muss zuvor Füllmasse aus dem Baumarkt herhalten.

TENNIS FÜR DRINNEN

EIN MAUL in einen Ball schneiden – schon wird er zum Halter für alles Erdenkliche. Ist stabil und sieht lustig aus.

Einen Tennisball mit in die **WASCHMASCHINE** und die Wäsche wird schön fluffig. Mit dem Federkissen im Trockner macht er die Federn wieder luftig.

In der Garage wird ein Tennisball zur **EINPARKHILFE**, wenn er so an einem Band von der Decke hängt, dass er kurz vor der Wand an die Heckscheibe dotzt.

IN EINEN TENNISBALL schneidet man mit dem Tapetenmesser einen Schlitz. Darüber kommen mit Filzmarker zwei Punkte als Augen. Nun wird er mit Heißkleber an die Wand geklebt – oder auf ein kleines Bild oder Ähnliches.

DER SCHLITZ funktioniert wie ein Maul – er hält Schlüssel oder Einkaufszettel, ein Tuch oder die Post. Und wenn er im Regal liegt, kommt kein Einbrecher darauf, dass darin Geld oder die wertvollen Ohrringe versteckt sind.

Für Fotos,

den ganzen Zettelsalat, Briefe und Postkarten oder witzige Sprüche: **Pinnwände** müssen weder puristisch noch teuer sein – es gibt mannigfache Möglichkeiten, sie selbst zu bauen.

ICH PINNE – ALSO BIN ICH

Kork, Filz, Metall, Edelstahl – Pinnwände gibt es mannigfach, um Memos, Rezepte, Bilder und Ideen mit Pins, Reißzwecken oder Magneten zu befestigen. Für Moderatoren gibt es sie auch klappbar. Manchmal werden sie – laut Duden falsch – Pinwand geschrieben; der Name stammt jedoch von pinnen, nicht vom englischen „pin“.

Levi's oder Wrangler?
Den Stoff aus einer Jeans passend zuschneiden – möglichst so, dass zumindest eine Tasche noch darauf ist. Oder mehrere, auch der Zipper, die Gürtelschlaufen? Rundherum auf einem Brett festtackern. Alles wird darauf mit Sicherheits- oder Stecknadeln befestigt. Es geht natürlich auch raffinierter, indem eine Korkwand als Untergrund genutzt wird – für die Pins.

Riesling oder Bordeaux?
In einen Rahmen mit einem festen Hintergrund Weinkorken mit Holzkleber dicht an dicht setzen. Das geht aufrecht, aber auch nebeneinander – und so lassen sich, kreuz und quer, hübsche geometrische Muster erzeugen.

Gut auf Draht
Gut geeignet ist die Rückseite eines Holzbilderrahmens. Maschendraht – auch Kükendraht und Kaninchendraht genannt – gibt's im Baumarkt. Mit dem Seitenschneider zuschneiden. Mit Sprühlack schwarz oder bunt färben – und am Rahmen festtackern. Oder mit Krampen annageln. Zettel und Fotos werden mit Papierhaltern oder Büroklammern am Drahtgeflecht befestigt.

Backblech als Magnettafel
Ist ein altes Backblech übrig? Oder eins auf dem Schrott gefunden? Schön sauber machen und mit Rostschutzfarbe streichen. Als Schmuck mit Stoff oder mit Tapetenresten bekleben und an die Wand hängen – fertig ist die Magnettafel! Aber vor all der Mühe unbedingt vorher ausprobieren, ob das Backblech nicht aus Aluminium ist – dann wird nämlich kein Magnet darauf halten.

Nicht pinnen – klemmen
Ein größeres Brett oder eine Holzplatte wie den Stoffsitz eines Stuhles unterfüttern und bespannen. Rautenförmig Schnüre darüberspannen, die in etwa 8-cm-Abständen mit Schmucknägeln befestigt werden. Gummiseile sind ebenfalls möglich, die können auch chaotisch gespannt und befestigt werden. Soll's größer sein, nimmt man Expander. So wird das Brett zur Klemmwand.

ABGEHARKT

ALS ÜBERRASCHENDE WAND-DEKO bringt die Harke neue Ordnung ins Haus, anstatt im Gartenschuppen zu verrosten.

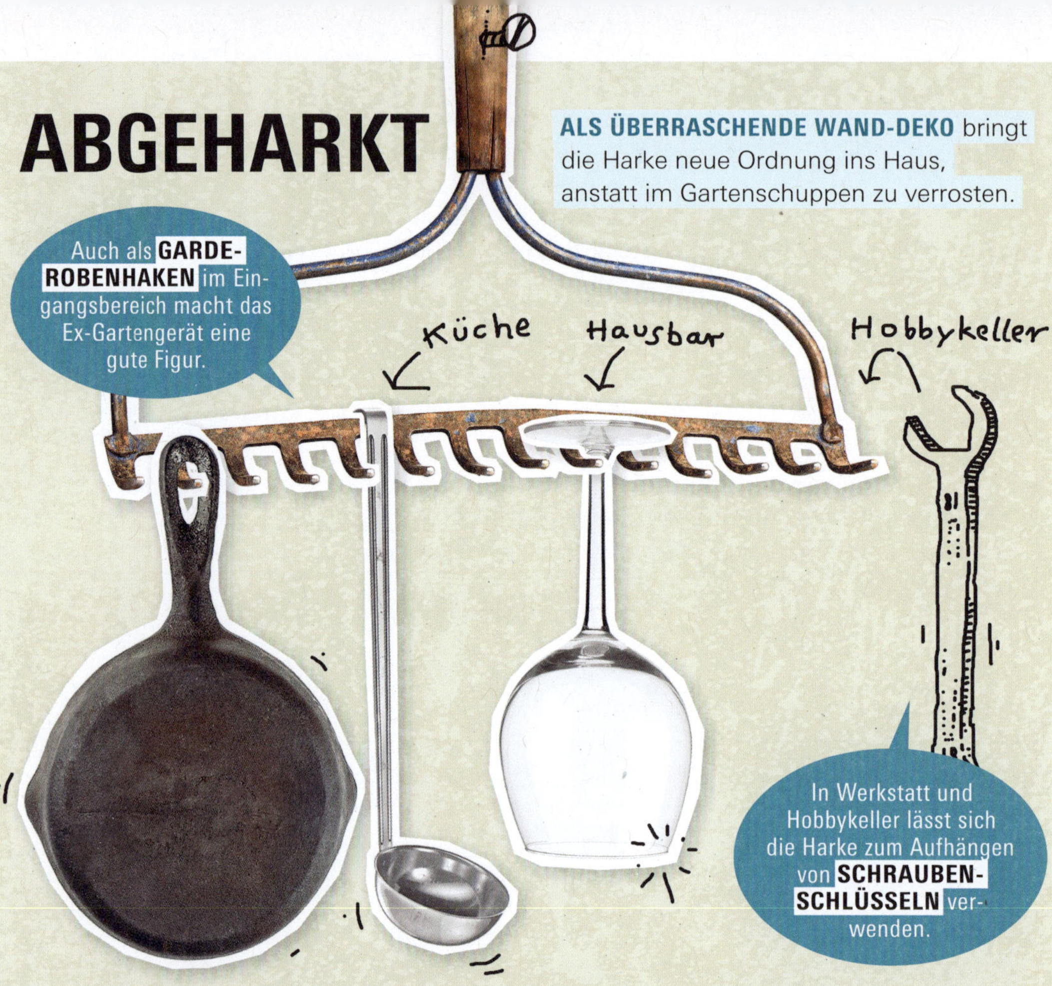

GENUG ERDE DURCHFURCHT – die Harke lässt ihren Stiel und die Gartenarbeit hinter sich. Wenn man sie an die Wand hängt, eröffnen sich neue Möglichkeiten: In der Küche hält sie Kellen oder Bürsten; im Wohnzimmer oder Barbereich lassen sich daran kopfüber Weingläser aufbewahren. Wem der rustikale Charme einer alten Harke zu altbacken wirkt, schnappt sich einfach eine Spraydose und verpasst ihr mit Goldlack eine gehörige Portion Glamour.

AUS ALT MACH HALB

FÜR BLÜMCHEN, Handy, Schlüssel, Puschen – die Hälften eines Tischchens werden zum Regal. Und ein Stuhl wird zur Garderobe.

DAS OBERTEIL EINES ALTEN STUHLS vom Flohmarkt mit der Lehne nach vorne an die Wand montiert, seine Hälfte darunter am Boden – so wird er zu einer originellen Garderobe oder zum Stummen Diener.

UND EIN TISCHCHEN WIRD ZUM REGAL: Eine Hälfte mit Winkeln an der Wand andübeln, die andere oben draufstellen, befestigen, fertig. Stühle mit Querstreben und Tischchen, die unter der Platte eine Ablage haben, sind am besten.

SCHMUCKE SCHMINKWAND

KREATIV: So werden die Schminkutensilien zu einer lebendigen und praktischen Collage.

MAGNETTAFELN oder -wände gibt's billig oder von Designern. Besonders schicke sind aus Glas mit einer Rückwand aus Stahlblech.

Mit einem Bilderrahmen und Ideen, was man noch so alles dazuhängt, wird das Ganze ein richtiges **KUNSTWERK**, das sich ständig ändert.

WIE SO VIELES, fliegen im Bad auch immer die Schminksachen rum. Wie wär's mit einer schmucken Collage auf einer Magnettafel? Wenn Gegenstände eh metallisch sind, Magnet dranheften. Falls nicht, einen drankleben.

EIN KITSCHIGES BILD mit goldenem Rahmen gibt's billig auf dem Flohmarkt. Das Bild raus, den stabilen Hintergrund mehrfach mit Magnetfarbe einstreichen – die gibt's in verschiedenen Farben im Baumarkt. Fertig!

KLUNKERTOWER

WOHIN MIT GOLD UND JUWELEN?
So lässt sich das hauseigene Bling-Bling formvollendet aufbewahren.

Zu viel Arbeit? Dann einfach eine alte vierkantige **KÄSEREIBE** in flippigen Farben besprühen und die Ohrringe in den Löchern aufhängen

Diese Flaschenböden eigenen sich nicht nur als Klunkeraufbewahrer. Friert man Wasser in ihnen ein, erhält man **DEKORATIVE EISBLUMEN** für die Bowle.

DIESER SCHMUCKSTÄNDER lässt sich ohne viel Aufwand basteln: Die Böden von vier PET-Flaschen mit einer Feinsäge abtrennen – je flacher, desto mehr ähneln sie Blumen. Dann in die Mitte jedes Bodens ein Loch bohren und mit Etageren-Stangen verbinden (die lassen sich günstig online kaufen). Den untersten Flaschenboden mit der Öffnung nach unten montieren – er wird zum Boden des Ständers – die anderen als Schalen mit der Öffnung nach oben.

ALLES, WAS RUND IST

Ausrangierte Dinge in der Konsumgesellschaft oder billigste Gegenstände aus dem Baumarkt werden für den wachsamen Schnellbastler zu praktischen Kleinmöbeln.

Alles, was rund ist, hat eine hohe Stabilität: Zum Beispiel Rohre und Röhren, Eimer und Tonnen aus Metall, Plastik oder Pappe – es gibt sie in allen Stärken.

Diese fünf Beispiele für die Zweckentfremdung von unterschiedlichen Materialien und Fundstücken können eine Anregung für die eigene Fantasie sein.

1 Abflussrohre

In diesem schmucken Schirmständer kann man auch Zeitschriften oder sogar Pflanzen unterbringen. Im Bauhandel gibt es solche zylindrischen Abfluss- oder Regenrohre meist in drei oder sechs Meter Länge. Sie sind aus PVC, kräftig, leicht, gut zu säubern und einfach zu schneiden.

Diese hier sind mit Styrolkleber verbunden und auf festem Karton aufgeklebt, mit Bleistift nachgezeichnet und ausgeschnitten. Mit kleineren Rohren kennt man Ähnliches als Schreibtischgarnitur.

2 Regenrinnen

Krimskrams im Badezimmer macht sich gut in einer Regenrinne. Standardrinnen sind 1 Meter lang, haben aufsetzbare Endstücke und ruhen auf dazugehörigen Rinnenhaltern. Die werden durch 40-mm-Schrauben in Dübeln in der Wand gehalten. Gut machen sich mehrere übereinander.

Und vielleicht nutzt man eine davon für Blümchen, eine andere für Küchenkräuter? Die Feuchtigkeit im Bad tut ihnen gut. Und in eine zusätzliche Halterung passt der Zahnputzbecher.

3 Schwimmnudeln

Mit den bunten Schaumstoffwürsten, die auch unter dem Namen Poolnudeln bekannt sind, lässt sich nicht nur eine Menge Badespaß haben. Wer einige davon längs halbiert und auf einer festen Unterlage nebeneinanderklebt, kann sich superschnell ein knalliges Kopfteil fürs Bett zusammenbasteln. Halbe Nudeln können auch als Puffer dienen: An die Seitenwände einer engen Garage geklebt oder geschraubt, verhindern sie, dass Autotüren beim Öffnen aus Versehen anschlagen und verkratzen.

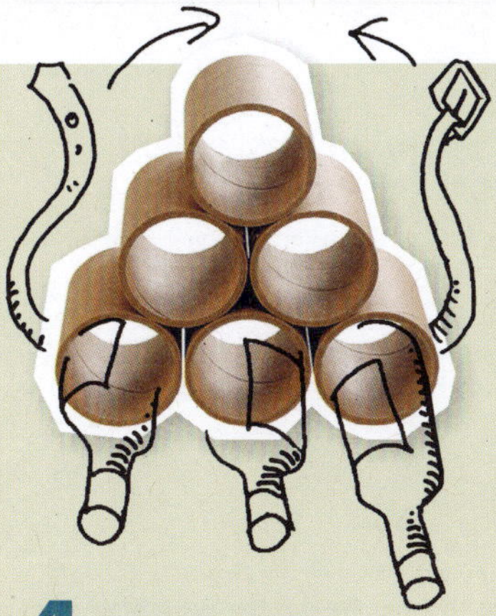

4 Transportrollen

Rohre als Flaschenhalter lassen sich gut stapeln. 30 cm lange Wasserrohre aus Plastik vom Baumarkt, Drainageröhren aus gebranntem Ton, gusseiserne Rohre oder auch Pappröhren werden durch einen stramm gezogenen Ledergurt zusammengehalten.

Für die Stabilität ist es besser, wenn sie außerdem aneinander befestigt werden, beispielsweise durch Flüssigkleber. Bei hartem Material leisten die gebräuchlichen Manschetten aus Wellpappe gute Dienste, um die Flaschen zu schützen.

5 Blechmülleimer

Ein Mülleimer aus Blech wird zum Couchtisch: Die Tischplatte in der Wunschgröße schneidet man aus Furnierholz oder Tischlerplatte; mittig darunter wird eine Scheibe aus Holz oder Hartfaser geschraubt, die im Durchmesser genau in den Innenkreis der Trommel passt. Auch ein daruntergeklebtes Holzkreuz kann den nötigen Halt liefern.

Bei 120 cm Durchmesser haben sechs Personen Platz. Unter dem „Deckel" lässt sich eine Menge Krempel – Kinderspielzeug oder Krimskrams – verstauen.

TONTRÄGER

ANHÖREN TUT SIE KEINER mehr, aber optisch haben sie noch einiges zu bieten: Alte Audiokassetten erhalten ein Upcycling.

FÜR DIESE ABGEFAHRENE RETROTASCHE werden 25 Kassetten gebraucht. Zweimal neun Stück zu Rechtecken verbinden, drei für den Boden und zwei senkrecht übereinander als Seitenteile. Soll die Tasche mehr Tiefe haben? Dann für die Seiten drei Stück waagrecht verbinden. Die Kassetten mit Kabelbindern zusammenfügen und deren Enden abknipsen. Soll es eine Handtasche sein? Dann mit Kabelbindern alte Kopfhörer als Henkel seitlich befestigen.

WILLKOMMENS VIDEOTHEK

VOM STAUBFÄNGER IM KELLER zum Wasserfänger unter der Garderobe: das Comeback der Videokassetten.

Auch zu kleinen Regalen oder zu einem **SCHUHSCHRANK** lässt sich die ehemalige Videothek zusammenkleistern.

Sichtfenster nach außen oder innen, ganz nach Geschmack. Unbenutze **KLEBEETIKETTEN** bieten bei Bedarf noch Platz für Sprüche oder Graffitis.

DIE MAGNETBÄNDER VON GESTERN werden zum Möbelstück, das den Besuch kultig willkommen heißt: Für einen Schirmständer benötigt man 24 Videokassetten. Immer acht Stück aufrecht stehende Kassetten mit der Heißklebepistole zu einem Rechteck zusammenfügen. Drei Rechtecke übereinander ergeben einen Schirmständer. Als Boden einen übrig gebliebenen Rest PVC-Belag oder eine alte Auto-Fußmatte zuschneiden und unten ankleben.

CANDLELIGHT-BESEN

STIMMUNGSVOLLE BELEUCHTUNG mit ausrangiertem Küchengerät – so geht's.

EINFACHER UND SCHNELLER kann man eine ungewöhnliche Deko-Idee kaum verwirklichen: Die Streben eines Schneebesens auseinanderbiegen, das Teelicht hineinpfriemeln und das Ganze an der Lasche am Stielende aufhängen.

MIT VIELEN Schneebesen, etwa vom Flohmarkt, kann auf diese Weise eine ganze Girlande bestückt werden. Aber Vorsicht: Damit nichts anbrennt, genügend Abstand zu allen Köpfen und leicht entzündlichen Gegenständen halten.

KERZEN AUS RESTEN

KERZENRESTE verstauben gerne in Schubladen – so werden neue Kerzen draus.

Man kann das alte Kerzenglas oder allerlei andere **BEHÄLTER** zu neuen Kerzen machen. Hauptsache sie sind nicht brennbar.

FRÜHSTÜCKSEI vorsichtig köpfen, auslöffeln, saubermachen. Flüssiges Wachs hineingießen. Docht hineinhalten, bis er sitzt.

UM WACHSRESTE von Gläsern oder Kerzenhaltern zu entfernen, legt man diese für ein paar Stunden ins Gefrierfach. Das Wachs zieht sich in der Kälte zusammen und lässt sich anschließend abklopfen – kein Kratzen mehr!

IM WASSERBAD geschmolzen, lässt sich das alte Wachs willig in jede Form gießen. Als Docht eignen sich auch Kordeln oder Schnürsenkel aus Baumwolle: mit Wachs vollsaugen und hängend aushärten lassen.

SALZ- UND PFEFFERBIRNEN

1. Eine klare Glühbirne mit E27-Schraubfassung ausweiden: Schutzhandschuhe anziehen, Zange und kleinen Schraubenzieher verwenden, das Gewinde gerade absägen.

2. Die leere Birne gründlich reinigen. Für jeden Streuer den Deckel einer leeren PET-Flasche nehmen und mit Nagel oder Reißzwecke die Löcher hineinstechen.

3. Mit einem Trichter Salz und gemahlenen Pfeffer (oder nach Wunsch auch andere fein gemahlene Gewürze) einfüllen und anschließend den Deckel fest aufschrauben.

4. Als Untersatz, damit die Streuer auf dem Tisch immer aufrecht stehen, eignet sich zum Beispiel die umgedrehte Kappe einer leeren Sprühdose oder ähnliche hohle Gegenstände.

HERZLICH HARTGEKOCHT

SO LÄSST DAS FRÜHSTÜCK am Valentinstag alle Herzen höherschlagen.

Noch mehr Herzen? Zwei **EIERTOMATEN** diagonal zerschneiden und die Schnittflächen mit einem Zahnstocher zusammenstecken.

Ins Wasser ragende **BLÄTTER** entfernen, da sie die Vermehrung von Bakterien begünstigen und die Schnittblumen schneller welken.

SO WIRD DAS EI IN FORM GEBRACHT: Ein rechteckiges Stück Pappe längs in der Mitte falten, damit eine V-förmige Schiene entsteht. Zwei hartgekochte Eier hineinlegen, ein Essstäbchen obendrauf platzieren und dieses rundherum so mit Klebe- oder Gummiband fixieren, dass es eine Mulde in die Eier drückt. Dann alles für ein bis zwei Stunden in den Kühlschrank legen. Anschließend zum Servieren halbieren, damit die Herzform des Eigelbs zur Geltung kommt.

Raus die Tassen!

Der Porzellanschrank wird geplündert und altes Geschirr originell aufpoliert.

HOCH DIE (ALTEN) TASSEN!

Hat die Lieblingstasse einen Sprung? Kein Grund, sie gleich in die Tonne zu treten.

Hier sind drei Anregungen, wie man sie trotz des Makels noch zu etwas ganz Besonderem machen kann.

Als Futtertasse wird das gute Porzellan für die Vögel im Garten zum Luxuserlebnis: Die Tasse mit Silikon auf einem Unterteller befestigen. Der Henkel zeigt dabei nach oben, damit die Futtertasse später mit einer Schnur am Ast befestigt werden kann. Und schon kann die Tasse mit Körner- oder Fettfutter gefüllt werden.

Wer den Vögeln noch mehr Komfort bieten will, baut eine Futterstelle mit Dach. Dazu mit einem Fliesenbohrer in der Mitte eines Tellers und einer Tasse ein Loch bohren. Dann beides auf eine Gewindestange stecken – den umgedrehten Teller oben, die Tasse unten – und mit Muttern fixieren.

Die Tassenkerze macht sich bei jedem Kaffeeklatsch auf der Terrasse gut: eine Vintage-Tasse, die zu einem großen Windlicht umfunktioniert wird. Selbermachen ist ganz einfach: Bienenwachspastillen kaufen oder alte Kerzenreste zusammensuchen. Das Wachs in eine Metalldose geben und in ein heißes Wasserbad stellen. Wenn Sie alte Kerzen benutzen, die alten Dochte mit einer Zange rausfischen, sobald das Wachs schmilzt.

Vor dem Wachseingießen muss das Gefäß vorbereitet werden: Um den Baumwolldocht senkrecht zu halten und mittig platzieren zu können, wird er mit einem Schaschlikspieß durchstoßen, den man dann auf dem Tassenrand ablegt.

Das Wachs in die Tasse gießen, abkühlen lassen und dann den Docht kürzen.

Mit der Schwebetasse wird ordentlich die Schwerkraft ausgehebelt. Dazu benötigt man eine Tasse, einen Teller, eine Gabel, eine Heißklebepistole und Plastikblumen.

Anstelle der Blumen lassen sich viele andere Materialien verwenden: Kaffeebohnen, Spielfiguren, Ostereier, Christbaumkugeln etc.

Die Gabel mit einer Zange an beiden Enden so zurechtbiegen, dass der Griff an der Tasse und die Zinken am Teller festgeklebt werden können. Zuerst am Teller fixieren – mittig, damit das Ganze nachher nicht umkippt.

Sobald es getrocknet ist, an der Tasse verkleben – dabei viel Heißkleber auftragen, denn die Konstruktion muss einiges an Gewicht aushalten.

Zuletzt die Blumen auf den Tassenboden, um die komplette Gabel herum und auf den Teller kleben. Fertig ist das Zauberstück.

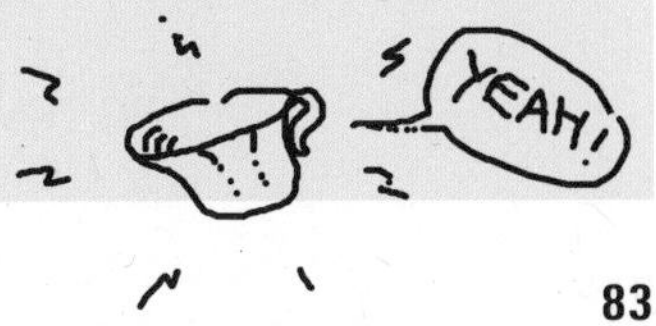

ZITRUS-FLOWERPOWER

AUF DEN TISCH, aber nicht in den Mund: Zitrusfrüchte lassen sich als fruchtig-frischer Tafelschmuck ganz neu entdecken.

Die Stiele mit einem scharfen **MESSER** anschneiden – harte Stiele schräg, weiche gerade. Scheren quetschen die Blumen.

Limetten und Zitronen lassen sich nach dem Fest noch zum Reinigen verwenden. Sie sind wahre **KALK-KILLER** und lassen Emaille und Chrom rasch wieder glänzen.

TOLLER BLICKFANG für durchsichtige Blumenvasen: Zwei gleich hohe Vasen ineinanderstellen, sodass nur ein 2–4 Zentimeter großer Zwischenraum bleibt. Darin dicke Zitrusscheiben (Zitrone, Limette, Grapefruit …) übereinanderschichten, sodass sie die Vase rundherum komplett bedecken. Dann den Zwischenraum mit Wasser füllen. Zuletzt in die innere Vase einen Blumenstrauß stellen und diese ebenso mit genügend Wasser auffüllen.

ORANGENERLEUCHTUNG

AROMATISCHE DUFTKERZEN schnell improvisiert.

Übrigens: Um die Brennzeit einer **WACHSKERZE** zu verlängern, diese für einige Tage oder sogar einen Monat im Eisfach lagern – je länger, desto besser.

Ist das Streichholz zu kurz, entzündet man eine runtergebrannte Kerze mit einer ungekochten **SPAGHETTI**, ohne sich die Finger zu verbrennen – die brennt erstaunlich gut.

EINE ORANGE quer durchschneiden (Grapefruit oder Zitrone gehen auch) und so schälen, dass der Strunk an einer Hälfte hängen bleibt. Dazu am besten mit einem Löffel vorsichtig unter die Schale fahren und das Fruchtfleisch lösen.

DIE SCHALE MIT PFLANZENÖL FÜLLEN, bis der Strunk nur noch ein wenig herausschaut. Warten, bis er sich vollgesaugt hat (es kann etwas dauern, bis er Feuer fängt), danach brennt die Orangenkerze zuverlässig für mehrere Stunden.

SCHARFE SCHMÖKER

VIELE MESSER, aber keinen Block?
So basteln Sie sich einen Messerblock.

OB TRASH, WELTLITERATUR ODER BGB, dürfen Sie entscheiden: vier bis fünf Bücher nebeneinanderstellen (Hardcover bevorzugt, damit der Block ordentlich steht) und ein breites Stoffband fest auf halber Höhe um die Schmöker binden.

WER BÜCHER NICHT ERSTECHEN MAG, bastelt sich kostengünstig einen Messerblock aus einem komplett mit Holz-Schaschlikspießen (Spitzen nach unten) gefüllten Glas, zwischen denen die Messer sicher stehen.

JEANS AUFTISCHEN

DIE HOSE IST TOT! Es lebe das Platzdeckchen!

WERKZEUGGURT für den Garten gefällig? An der Jeans alles außer Bund und Gesäßtaschen wegschneiden und die Taschen nach vorne drehen.

GESÄSSTASCHE ausschneiden und einen Jeanshenkel annähen: eine Handy-Ladestation, die man direkt neben die Steckdose hängen kann.

WENN DIE GUTE ALTE JEANS zu durchlöchert ist oder einfach nicht mehr passt, kann man sie in viele nützliche Dinge verwandeln. Besonders die Gesäßtasche lässt sich in verschiedenen Kontexten überraschend einsetzen. Schneidert man beispielsweise eine Platzmatte für den Tisch zurecht, wird die hintere Tasche zu einem dekorativen Servietten- und Besteckhalter, wenn man sie rechts platziert. Am besten eignet sich eine Kinderjeans – sie hat genau die richtige Größe.

VINYLSCHALE

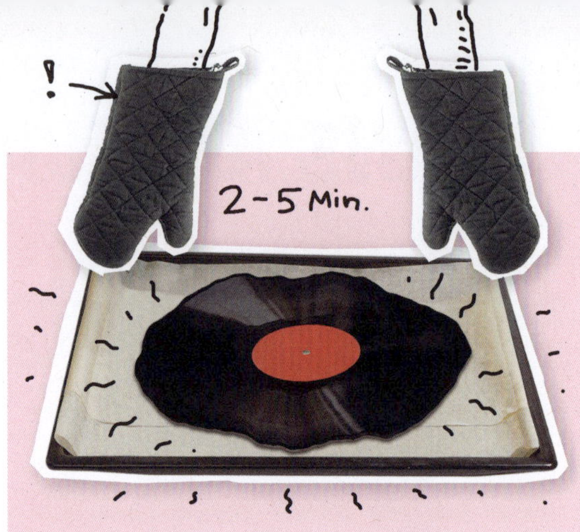

1. Eine alte Schallplatte wird in den auf 175 Grad vorgeheizten (Heißluft-)Backofen gelegt. Das Backblech mit Backpapier auslegen, damit nichts festklebt.

2. Nach zwei bis fünf Minuten, wenn die Platte weich wird und sich wellt, herausnehmen. Achtung, wird sehr heiß: nur mit Topflappen oder Handschuhen anfassen!

3. Zum Formen die Schallplatte in eine große Schüssel legen und mit einer kleineren beschweren. Bei Bedarf lässt sich mit der (behandschuhten) Hand noch nachformen.

4. Die abgekühlte Schale mit vielen schönen Dingen füllen oder verschenken. Wer die Form misslungen findet – macht ja nichts: einfach wieder in den Backofen und noch mal versuchen.

FLEXITARIERSALAT

GESUNDES GRÜN in deftiger Hülle – was man nicht alles tut, um sich das Geschirrspülen zu ersparen …

Salat bleibt im Kühlschrank frisch, wenn die Blätter mit **KÜCHENPAPIER** und die Schüssel mit Frischhaltefolie abgedeckt werden.

Wem **ENDIVIENSALAT** zu bitter schmeckt, legt diesen für eine Minute in warmes Wasser. Danach ist er um einiges milder.

EIN SECHSER-MUFFINBLECH umdrehen, mit Alufolie abdecken oder mit Pflanzenöl bepinseln. Je zwei halbe Baconstreifen X-förmig über die Hügel legen. Dann zwei ganze Streifen komplett um den Hügel wickeln, die Enden mit einem Zahnstocher zusammenheften. Bei 200 Grad für 20 Minuten in den Ofen (Backblech verwenden!). Nach dem Rausnehmen die Bacon-Schalen fünf Minuten abkühlen und aushärten lassen und, zum Beispiel mit Endiviensalat gefüllt, servieren.

Einfach spitze

Was eben noch flach und eben war, wird hier in die Höhe gezogen und in Schalen aus originellen Materialien verwandelt.

SCHICKE SCHALEN

Schalen und Schälchen kann man eigentlich nie genug haben: Sie nehmen dankbar jede Art von kleinem Krimskrams auf – und leisten auch bei Tisch unentbehrliche Dienste.

Das Spitzendeckchen ist zurück auf dem Tisch – aber diesmal als schicke Schale.

Hierfür Zeitungen als Schlabberschutz unterlegen, einen Luftballon je nach gewünschter Schalenform und -größe aufblasen und ihn auf einen offenen Topf oder Ähnliches setzen. Für eine breitere Form mit mehr Bodenfläche kann man statt des Luftballons auch eine umgedrehte Schüssel nehmen, die man mit Frischhaltefolie abdeckt.

Obendrauf das runde Deckchen platzieren und zurechtzupfen. Dann Tapetenkleister oder -konzentrat wie üblich anrühren (alternativ gehen auch Textilfestiger oder Holzleim, dann hält die Schale länger).

Das Deckchen damit reichlich einpinseln, damit sich der Stoff vollsaugen kann, und über Nacht stehen lassen.

Ist die Spitze vollkommen ausgehärtet, allmählich die Luft aus dem Ballon entweichen lassen, indem man ein kleines Loch reinpiekst. Anschließend alle Ballonfetzen behutsam entfernen.

Wem die Schale noch zu klassisch aussieht, nimmt eine Spraydose und verpasst ihr eine schrille Farbe – für extraguten Halt bei Bedarf noch mit Sprühlack fixieren.

Für eine Herbstschale Blätter sammeln und die Stiele abschneiden. Dann (wie oben) Kleister auf den Ballon oder die Schüssel auftragen und ein Blatt fest andrücken. Das Blatt erneut mit Kleister bestreichen und überlappend ein weiteres Blatt draufpressen. Dies so lange wiederholen, bis die ganze Schale bedeckt ist. Abschließend noch einmal eine komplette Kleisterschicht drübersetzen. Nach ein paar Stunden ist alles getrocknet und Ballon bzw. Folie können entfernt werden.

Schalen zum Anbeißen
Um aus Tortillateigfladen Tacoschalen zu backen, ein Muffinblech umdrehen und die Fladen zwischen die Hügel des Blechs drücken, sodass sternförmige Schälchen entstehen. 8 bis 12 Minuten bei 190 Grad backen fertig sind die Taco Bowls, die sich mit Hackfleisch, Salat, Salsa und vielem mehr befüllen lassen.

Wer seine Schalen etwas würziger mag, breitet Parmesanstreusel zu runden Fladen auf dem Backblech aus. Dann für ca. 10 Minuten bei 200 Grad in den Ofen stecken. Wenn der Käse goldbraun zerlaufen ist, raus damit und sofort zum Formen und Abkühlen auf umgedrehte Glasschalen oder die Hügel des Muffinblechs legen.

SCHICKE STICHELEIEN

EIN WENIG GEDULD braucht man schon, aber es lohnt sich: Loch für Loch pierct man sich zum strahlenden Lichtkunstwerk.

ALS OB MAN SICH den Sternenhimmel ins Haus holt: Mit Reißzwecken und Nadeln lassen sich wunderschöne Bilder in Lampenschirme aus Stoff und Plastik stechen. Am besten wirkt das Lichtpiercing mit dunklen Schirmen.

DER FANTASIE sind keine Grenzen gesetzt: Skylines, Sterne, Namensschriftzüge, Umrisse aus Zeitschriften … Und wer nicht weiß, was er mit Omas altem Spitzendeckchen machen soll, benutzt dieses einfach als Schablone.

LICHTSPIELZAUN

EIN KINDERSPIELZEUG wird zum strahlend schönen Hingucker – neidische Nachbarn garantiert.

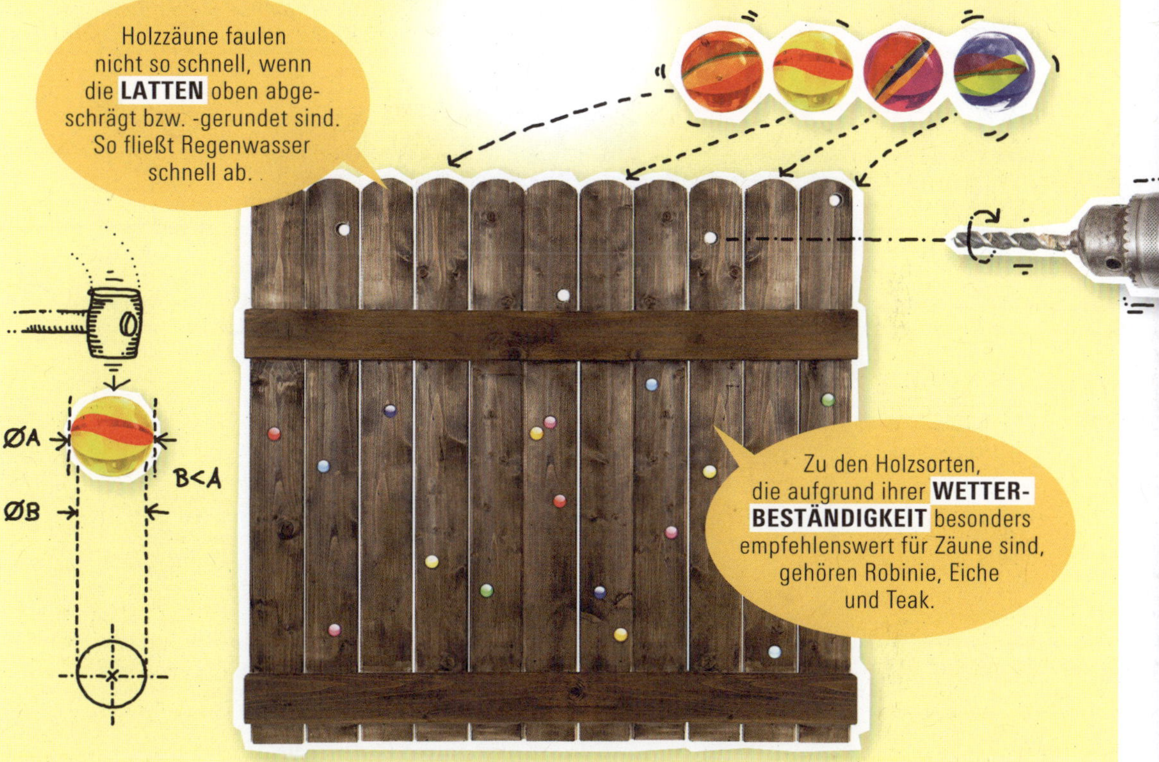

WER SEINEN HOLZZAUN eindrucksvoll pimpen will, ohne zum Lack zu greifen, verpasst ihm eine Ladung Glasmurmeln. Wichtig ist es, die Größe der Bohrlöcher genau auf die Murmeln abzustimmen – sie müssen etwas kleiner als diese sein, denn die Murmeln sollen ohne jeglichen Leim fest im Zaun stecken bleiben, nachdem man sie mithilfe eines Gummihammers festgeklopft hat. Wenn die Sonne dann den Zaun bescheint, funkelt es zauberhaft!

LEITER LEGT LOS

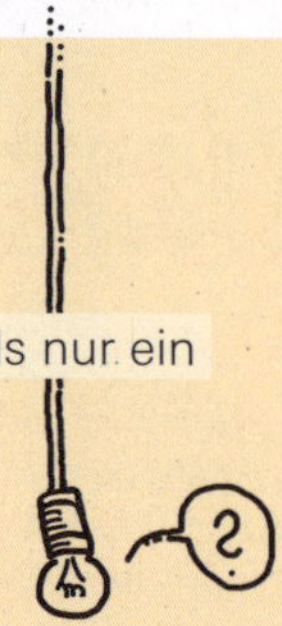

IN EINER LEITER STECKT viel mehr als nur ein Helfer beim Glühbirnenwechseln.

Bei der **GARTEN-PARTY** lässt sich eine Leiter mit ein paar gut fixierten Brettern in eine Getränke- und Snackbar verwandeln.

SICHER geht vor: Immer besonders darauf achten, dass sie auf einer ebenen Fläche steht. Gegebenenfalls Holzbretter als Boden unterlegen.

OB ALS UNGEWÖHNLICHER Ordnungshelfer oder als Deko-Blickfang – eine Stehleiter, auf deren Sprossen man mit Metallwinkeln Bretter befestigt, bietet praktische Abstellflächen für Bücher, Fotos und vieles mehr.

AUCH IM GARTEN macht das Leiterregal eine gute Figur: Pflanzentöpfe lassen sich so wunderbar präsentieren. Und wenn man auf den oberen Sprossen kein Brett querlegt, kann von der Leiterspitze eine Blumenampel lässig herabhängen.

KÜHLSCHRANKFLORA

DER GROSSE KASTEN in der Küche kann definitiv etwas Farbe vertragen.

Am wohlsten fühlen sich **SUKKULENTEN**, wenn man ihren Boden aus zwei Teilen lockerer Erde und einem Teil Sand mischt.

Der Standort für die Pflanzen sollte am besten **SONNIG** sein, zum Beispiel mit Aussicht auf ein Fenster, das nach Süden zeigt.

DER KÜHLSCHRANK SOLL BEGRÜNT werden! Hierzu einige Korken mit kleinen Magneten bekleben oder Magnetklebeband verwenden. Die Korken mit einer Schere so in der Mitte aushöhlen, dass unten ein Boden bleibt. Dann ein wenig Erde reinstreuseln, Sukkulenten hineinsetzen und an den Kühlschrank heften. Pflegeleichter geht es nicht: Die saftreichen Pflanzen sind echte Wasserspeichermeister und müssen maximal einmal pro Woche gegossen werden.

BLUMENSCHLAUCH

EBEN NOCH BIEGSAME WASSERLEITUNG – und schon eine originelle Vase.

BLUMENDÜNGER direkt aus der Küche: das abgekühlte Kartoffelwasser zum Gießen benutzen. Es enthält viele wertvolle Mineralstoffe.

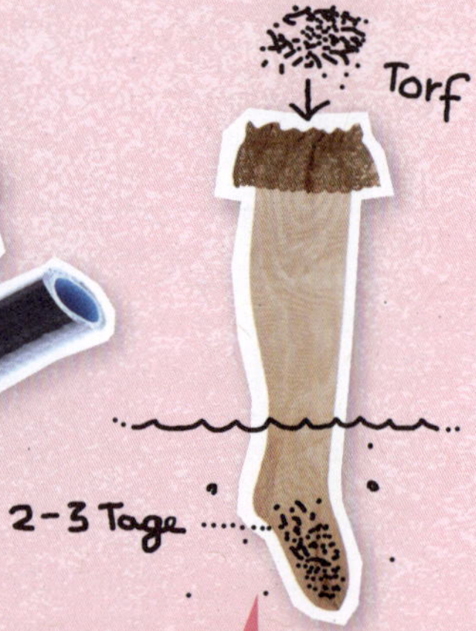

Das Gießwasser ist **ZU HART?** Um es zu entkalken, Torf in einen alten Nylonstrumpf füllen, zuknoten und für zwei bis drei Tage im Wasser liegen lassen.

AUS EINEM ALTEN GARTENSCHLAUCH mindestens drei Stücke (ca. 60 bis 70 cm lang) zurechtschneiden, in der Mitte knicken, mit den Öffnungen nach oben durch eine Schlauchschelle (Durchmesser ca. 70 bis 80 mm) stecken und diese fest anziehen. Wer den Schlauch noch weiter verformen und die Standfestigkeit verbessern will, gießt heißes Wasser hinein, um ihn biegsamer zu machen. Danach wieder ausschütten, abkühlen lassen – und Blumen rein.

DSCHUNGEL IM GLAS

MINI-GEWÄCHSHÄUSER in Gläsern sind pflegeleicht und bringen einen Hauch ferner Exotik ins Haus.

KLEIN BLEIBENDE ZIMMERPFLANZEN mit buntem Blattwerk, etwa Fittonien, auf ein wenig Blumenerde mit Moos zum Beispiel in einem Weckglas arrangieren. Die Öffnung muss so groß sein, dass man die Pflanzen mit der Hand einsetzen kann.

ODER ANDERSHERUM GEDACHT: Die Bepflanzung kommt auf einen wasserdichten Untersetzer und eine Glasglocke wird darübergestülpt. Besprühen oder Gießen ist beim Mini-Gewächshaus nur wochenweise nötig.

MOBILES GRÜN

DIE HEIMISCHEN TOPFPFLANZEN gehen auf die Reise – praktisch und flexibel.

EIN ALTER KINDERWAGEN vom Flohmarkt wird zum neuen Zuhause für Topfpflanzen. So lassen sich etwa sonnenhungrige Tomaten ohne lästige Schlepperei ruckzuck aus dem aufkommenden Schatten bringen.

EINE MOBILE GRÜNANLAGE lässt sich auch aus einem Kleiderständer erschaffen. Wo die Schuhe sonst stehen, kommen ein paar Töpfe hin. Und oben auf der Stange bildet eine Reihe von Pflanzenampeln einen grünen Paravent!

TÖPFE AM STIEL

PFLANZEN MÖGEN TONTÖPFE – denn darin fühlen sie sich wohl wie in der Freilandpflanzung.

Blumenpracht oder **KRÄUTERGARTEN** auf kleinster Fläche: Einfach viele Töpfe gekippt übereinander auf eine haltbare Stange schieben.

Durch die Tonwände werden überschüssige Dünger- und Mineralsalze **AUSGEFILTERT**. Die weißen Flecken mit Zitrus- oder Essigreiniger abwaschen.

PLASTIKTÖPFE gehen auch. Aber sie sind nun mal hässlich und obendrein undurchlässig. Terrakotta dagegen ist halbdurchlässig und puffert Umwelteinflüsse ab; das sorgt für Wachstum, auch für die Gesundheit der Pflanzen.

ZU VIEL REGEN – oder zu viel gegossen? Die porösen Wände führen überschüssige Flüssigkeit ab; die Verdunstungskälte an den Wurzeln tut besonders in heißen Sommerwochen gut. Und bei Kälte wirkt das Tonmaterial isolierend.

SCHUBLADENGARTEN

DIE ALTE KOMMODE SOLL auf den Sperrmüll wandern? Viel zu schade – die siedelt in den Garten um.

EIN ALTES MÖBELSTÜCK erlebt durch Upcycling seinen zweiten Frühling: Unter der untersten Schublade zum Stabilisieren Ziegelsteine auftürmen. In jeden Schubladenboden reichlich Drainagelöcher bohren. Die Schubladen so weit herausziehen, dass eine Stufenform entsteht. Den hinteren Teil aller Ebenen mit einem zugeschnittenen Brett senkrecht abtrennen, damit nicht die ganze Schublade mit Erde gefüllt werden muss. Nach Lust und Laune bepflanzen!

AUTOREIFENBLÜTENKELCHKÜBEL

1. Mit einem scharfen Messer zunächst ein Zickzackmuster in die gesamte Oberseite eines liegenden Reifens schneiden.

2. Den dadurch entstandenen Ring aus der Mitte herausnehmen.

3. Nun den Reifen von innen nach außen komplett umstülpen. Das geht ganz schön in die Arme, aber es lohnt sich.

4. Der Autoreifen hat sich in einen Blütenkelch verwandelt! Jetzt noch ganz nach Gusto anmalen oder ansprühen – fertig ist der Kübel.

TIEF-
KÜHL-
STEAKS
TACOS
DIP!
3
1€

SUPERPRAKTISCH

Life Hacks gibt es viele, aber was macht einen gelungenen aus? Ganz wichtig: Praktisch muss er sein – so praktisch, dass in einem das Gefühl hochsprudelt, den Zumutungen des Lebens eins ausgewischt zu haben. Was sich eben noch wie Arbeit angefühlt hat, geht plötzlich ruckzuck von der Hand – praktisch wie von ganz alleine.

MORGENSTUND UND SO

Die Butter ist so hart,

dass das Brot beim Streichen massakriert wird? Um sie streichfähig zu machen, ein **Glas mit heißem Wasser** füllen, eine Minute stehen lassen, abtrocknen und über die Butter stülpen.

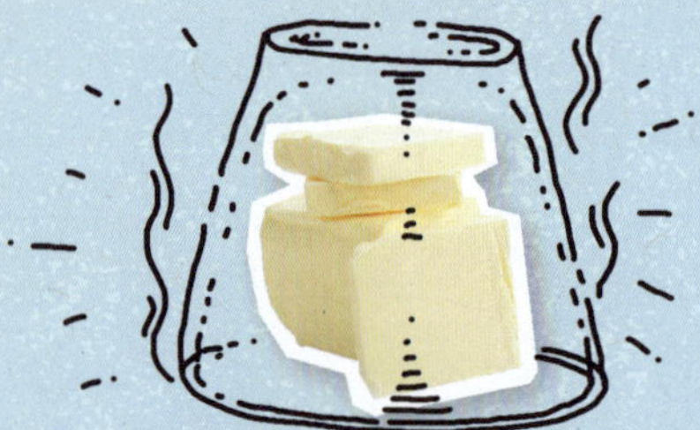

Wenn das Küchenbrett

beim Brotschneiden hin und her schlittert, einfach **zwei Gummibänder** drüberspannen. So wird es rutschfest.

Beim Sonnengruß

zickt die Yogamatte und kringelt sich an den Enden? Beim Einpacken die Matte immer erst **zur Hälfte falten,** bevor man sie aufrollt.

Die Maschine verweigert

den Milchschaum? Ein **Schraubglas** maximal bis zur Hälfte mit Milch füllen. Deckel drauf und 30 bis 60 Sekunden kräftig schütteln. Ohne Deckel für 30 Sekunden in die Mikrowelle – und schon ist der Schaum servierfertig.

Plötzlich dick?

Über Nacht passt die Hose am Bund nicht mehr? Einen **Haargummi** durchs Loch fädeln und dann die beiden Schlaufen um den Knopf hängen. Das T-Shirt über dem Bund tragen, damit keiner die Rettungsaktion bemerkt.

Wenn die Haare zu Berge stehen,

weil sie elektrisch aufgeladen sind, einfach ein **gebrauchtes Trocknertuch** in die Borsten der Haarbürste drücken und dann ganz normal kämmen. So sitzt sie wieder, die Frisur.

Augenringe?

Zwei **gekühlte Apfelstücke** unter die Augen legen. Die Kälte mindert die Schwellung und die Gerbsäure des Apfels kurbelt die Durchblutung an.

Kein Druck mehr

auf der Rasierschaumdose? Dose für 3 Minuten in ein ca. 50 Grad **warmes Wasserbad** legen und dann schütteln. Ein letzter Rest Schaum kommt jetzt noch raus.

NATÜRLICH SCHÖNES HAAR

Naturmittel vollbringen keine Wunder, liefern aber reichhaltige Pflege für die Haare.

Grüner Tee – kräftig gekocht und eine Viertelstunde gezogen – hilft dem Glanz und beugt Sonnenschäden vor. Ins frisch gewaschene Haar geben und nicht ausspülen.

Salbei – 2 Tropfen mit 2 EL Apfelessig in ½ l Wasser – hemmt die Talgproduktion und bringt so Glanz.

Ebenso wirkt Minze: eine Stunde gekocht, gefiltert, 1:1 mit Apfelessig gemischt. Ins frisch gewaschene Haar, ohne zu spülen.

Heilerde, als Brei mit Wasser verrührt, gilt als besonders hilfreich bei fettigen Haaren. Eine Viertelstunde einwirken lassen, dann lauwarm spülen.

Für eine Brennnesselkur drei Handvoll Blätter in etwa 1 l kochendem Wasser aufbrühen. 45 Minuten köcheln lassen. Absieben, eine halbe Stunde abkühlen lassen. Nach dem Haarewaschen den Sud auftragen oder in die Kopfhaut einmassieren.

Kapuzinerkresse und Feldthymian (je 50 g, zerkleinert), werden zum stärkenden Haarwasser, 10 Tage zugedeckt in 1 l 60-prozentigem Alkohol ziehen lassen, abseihen, gut verschließen. Täglich einmassieren. Gesund ist das sicher. Es soll sogar gegen Haarausfall helfen – wer's glaubt, freut sich über all die nicht ausgefallenen Haare.

Roggenmehl, natürlich Vollkorn, in lauwarmem Wasser zu einem Shampoo gemischt, hat viele Freunde bei Veganern, weil die Schale Stoffe enthält, die es auch in Shampoos gibt. Und bei der No-Poo-Bewegung, die jede Chemie im Haar ablehnt. Schaden kann es jedenfalls nix – andere Getreidesorten enthalten Gluten und werden klebrig.

Gelatine schließlich tut dem Haar nichts – aber bindet Feuchtigkeit und bringt so für den Anblick Volumen ins Haar. 1 EL ins Shampoo und wie gewohnt waschen.

■ **Anti-Tipp:** Kein Olivenöl gegen Spliss verwenden – es beschwert die Haare zu stark. Wirklich gegen Spliss hilft nur schneiden.

NICHT FÄRBEN – TÖNEN!

Die Natur ist einfallsreich, um die Farben der Haare zu unterstützen:

Zwiebelschalen bringen einen schönen Braunton. Getrocknete Schalen aufkochen, ziehen lassen, bis der Braunton gefällt. Die Schalen rausfiltern, ein Eigelb hinein, einmassieren, ein paar Minuten wirken lassen. Ausspülen. Wenn's intensiver werden soll – mehrfach wiederholen.

Backpulver oder Natron, mit Wasser gemischt, hellt die Haare auf. Mit einem Handtuch drum oder in der Sonne ein Stündchen einwirken lassen, dann ausspülen.

Auch Kamille – ein Sud aus Teebeuteln in kochendem Wasser – hellt auf, macht blond blonder und ist besonders schonend.

Walnussblätter bringen ebenfalls einen braunen Goldschimmer. Dazu die Blätter eine halbe Stunde kochen, dann mit warmem Wasser als Brei anrühren, auf die Haare, Handtuch drum und eine gute halbe Stunde wirken lassen.

Etwas Kaffeesatz im Shampoo oder einfach pur als Kaffeesatz-Spülung verleiht dem Haar Kraft und Glanz – besonders für dunklere Haartypen.

Auch starker schwarzer Tee tönt braunes Haar – eine halbe Stunde einwirken lassen, ausspülen.

Rote Bete liefert kein Feuerrot – aber einen rötlichen Ton, für Strähnen oder die ganze Pracht. Rote-Bete-Saft mit Honig zu einer Creme mischen und am besten mit Handschuhen auftragen. Unter einem warmen Kopftuch mehrere Stunden einwirken lassen. Warm ausspülen.

Avocado – zerquetscht, mit Sahne verrührt, im feuchten Haar verteilt – soll bei gefärbten und getönten Haaren die Farbe schützen.

GLATT WIE EIN BABYPOPO

STOPPELIGE HAUT UND BLITZENDE KLINGEN, was kann da schiefgehen? Eine Menge! Das gilt es zu beachten, damit beim scharfkantigen Bearbeiten Ihres größten Sinnesorgans alles glattgeht.

Wenn die Rasierschaumdose

nur noch Luft von sich gibt, sind auch **Olivenöl** oder **Haar-Conditioner** hervorragend als hautfreundliche Gleitmittel geeignet, die Gesicht, Beine und vieles mehr wunderbar geschmeidig machen.

Nach der Benutzung

sollten die Klingen mit einem Handtuch oder dem Föhn ordentlich **getrocknet werden,** damit sie nicht rosten. Danach in ein **Glas voller Reis** stecken, wo sie vor Feuchtigkeit geschützt bleiben.

Klingenschutz aus Plastik verschlampt?

Auch mit einer **Vielzweckklammer** lässt sich die Klinge schonen, sodass Verletzungen durch Kleindreck auf dem Metall vermieden werden. Besonders auf Reisen sehr nützlich.

Autsch!

Ausgerutscht oder zu fest aufgedrückt? Kleine Schnittwunden lassen sich mit einem **Lippenpflegestift oder Vaseline** rasch beruhigen.

Um die Klingen zu schärfen

und zu säubern, den Rasierer etwa 20 Mal längs über das **Hosenbein einer Jeans** oder die **Innenseite eines Ledergürtels** schieben. Achtung: Nur entgegen der üblichen Rasierrichtung bewegen, also schieben statt ziehen, damit man nicht die Jeans rasiert.

Achseln morgens oder abends rasieren?

Enthält Ihr Deo Aluminiumsalze, dann **besser abends.** Da man morgens nach dem Rasieren meist direkt das Deo hinterhersprüht, kann das als schädlich geltende Aluminium durch kleine Wunden, die beim Rasieren entstanden sind, leichter in den Blutkreislauf gelangen.

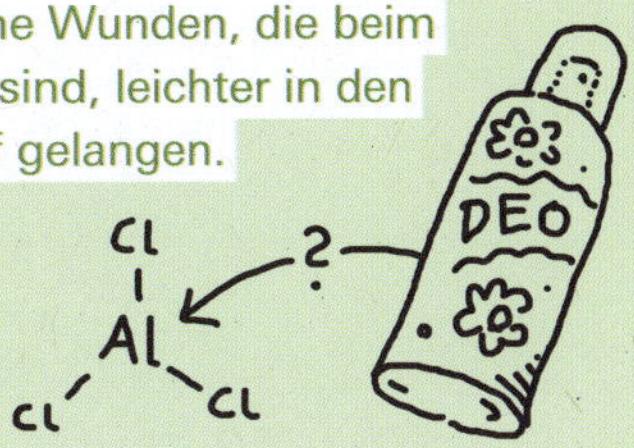

EI, WER HÄTTE DAS GEDACHT?

Eine Handvoll nützliche Tipps für eins unserer beliebtesten Lebensmittel.

Sehr frische Eier brauchen länger, bis sie gar sind.

Sauberer Schnitt durchs gekochte Ei? Das Messer zuvor in kaltes Wasser tauchen, dann bleibt nichts vom Dotter daran kleben.

Zum Aufbewahren sollte man die Eier nicht waschen. Das Wasser zerstört die natürliche Schutzschicht (die Cuticula) der Schale, die Gerüche und Luft abhält.

Am besten lagert man Eier im Kühlschrank mit der Spitze nach unten, mit der Luftkammer nach oben.

Drei Tage lassen sich gekochte Eier im Kühlschrank aufbewahren. Und wenn man sie eine halbe Minute ins Gefrierfach gelegt hat, lassen sie sich leichter pellen.

Ein gesprungenes Ei kann man kochen, wenn man es in Alufolie wickelt. Oder man hält es eine Minute in einem Sieb über Wasserdampf. Das Eiweiß erstarrt, das Ei ist „geflickt“.

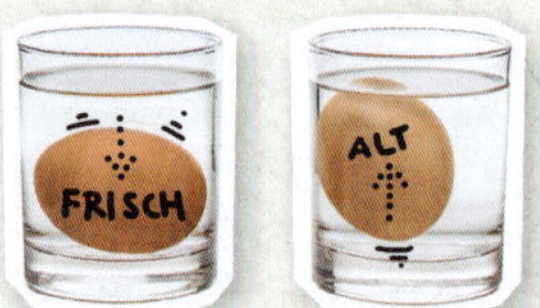

Welches muss zuerst weg? Wenn man in einer Woche braune und in der nächsten weiße Eier kauft, weiß man, welche die älteren sind.

Und in Salzwasser gelegt, schwimmen ältere Eier oben, die frischen sinken.

Wer gefüllte Eier anbieten will, sollte sie beim Kochen mehrfach wenden – dann sitzt der Dotter in der Mitte.

Welches war jetzt …? Wenn man sie dreht, „eiern“ rohe Eier, gekochte drehen sich gleichmäßig.

Zum meisterhaften Pellen das hartgekochte Ei in ein halbvolles Glas Wasser geben, eine Hand zum Abdichten obendrauf pressen und dann schütteln. Danach lässt sich die Schale leicht von Ei abpflücken.

Funktioniert auch mit mehreren Eiern auf einmal, wenn man dazu eine Tupperdose mit Deckel nimmt.

EI(N)GERAHMT

DEM ZERLAUFENDEN Spiegelei werden in der Pfanne endlich seine Grenzen aufgezeigt – äußerst leckere Grenzen.

ZUM BÄNDIGEN des Spiegeleis wird ein dicker Zwiebel- oder Paprikaring zugeschnitten und in die Pfanne gelegt, in den das Ei hineingegossen wird. Auch metallene XXL-Ausstechformen für Plätzchen erzielen formschöne Resultate.

FÜR EINEN Bockwurstrahmen die Wurst längs halbieren und in regelmäßigen Abständen quer einschneiden, sodass sie sich zu einem Ring biegen lässt. Die Enden mit einem Zahnstocher zusammenstecken.

EIGELBSAUGER

DAS GELBE VOM WEISSEN trennen – nie war es einfacher und eleganter.

EIERSCHALENHÄLFTEN UND LÖFFEL haben ausgedient, wenn's um das Trennen von Eiweiß und Eigelb geht: Eine gründlich gesäuberte PET-Flasche mit beiden Händen zusammenknautschen und die Öffnung direkt am Eigelb platzieren. Dann den Flaschenwürgegriff lockern, sodass sich das Eigelb vom Eiweiß trennt und nach oben gesaugt wird – der Unterdruck macht's möglich. Dieser Trick funktioniert allerdings nur, wenn das Eigelb unversehrt ist.

KUCHENKOSMETIK

MIT EIN WENIG HEISSER LUFT lässt sich aus dieser Glasur der Insta-Glamour herauskitzeln.

Nicht für die Ewigkeit bestimmt: Der neue **GLANZ** lässt bald wieder nach – also sofort servieren und genießen.

Der **WEISSE SCHLEIER**, der manchmal auf Schokolade entsteht, ist kein Schimmel, sondern Fett- und Zuckerreif. Lässt sich weiterhin essen oder zum Backen verwenden.

DAS AUGE ISST MIT. Wenn der Geburtstagskuchen nicht nur lecker, sondern superschick werden soll, darf natürlich mit kleinen kosmetischen Tricks nachgeholfen werden. Um eine Buttercremeglasur kurz vor dem Servieren noch mal schnell aufzupolieren, greift man zum Föhn. Bei ca. 30 cm Abstand auf unterster warmer Stufe ein paar Minuten drüberblasen und schon hat sich das Edelmatt in Hochglanz verwandelt. Kurz abkühlen lassen und losschlemmen.

SPANNBETTLAKEN SAUBER GEFALTET

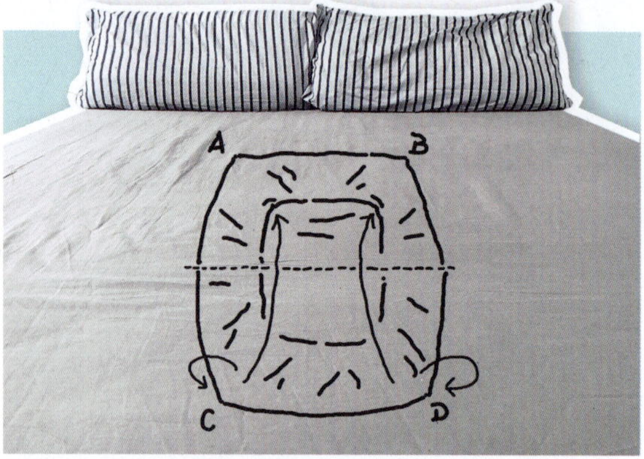

1. Das Spannbetttuch mit dem Gummiband nach oben auf eine glatte Fläche legen. Die beiden unteren Ecken C und D von innen nach außen krempeln. Dann C in A und D in B stecken.

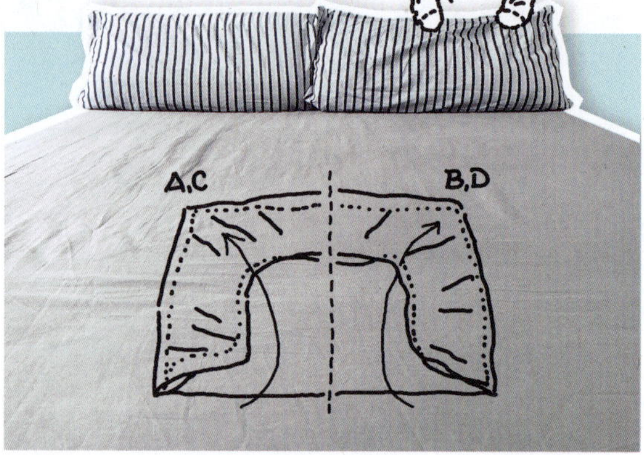

2. Nachdem die Ecken ineinander gesteckt sind, die äußeren Ränder möglichst gerade ziehen, sodass ein sauberes Rechteck entsteht.

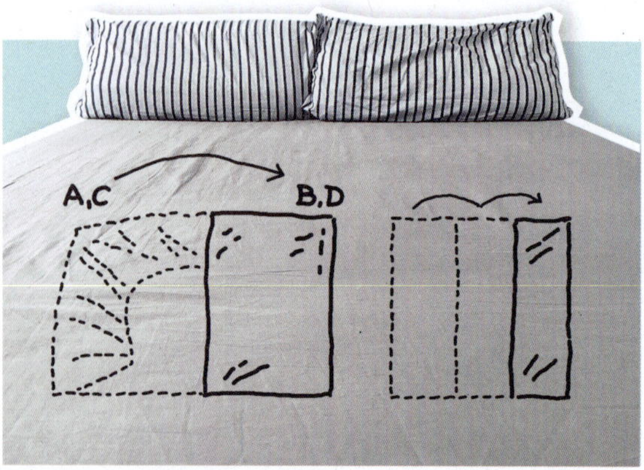

3. Die Ecken A/C rüber zu B/D klappen. Anschließend das Ganze noch zwei Mal falten, sodass ein langes Rechteck entsteht.

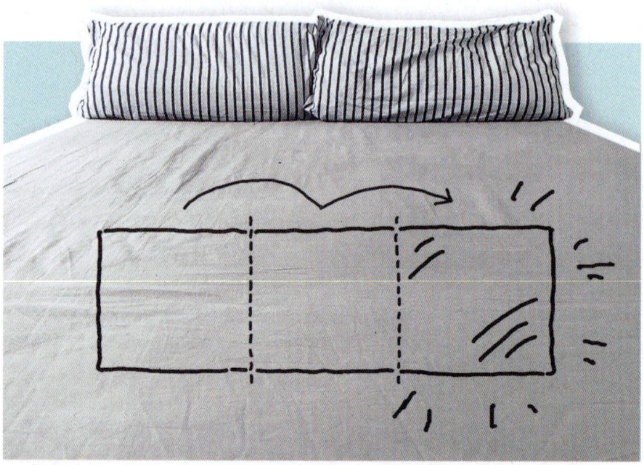

4. Dieses Rechteck zuletzt noch zwei Mal falten, damit ein Quadrat entsteht, das ordentlich in den Schrank gestapelt werden kann.

TROCKENPOWER

SILICA GEL, THROW AWAY – das steht auf den kleinen weißen Päckchen, die man zum Beispiel in Schuhkartons findet. Aber sammeln Sie die Dinger ruhig fleißig: Es handelt sich um ungiftiges Kieselgel, ein tolles Trocknungsmittel.

HAT DAS SMARTPHONE einen Wasserschaden? Luftdicht drei Tage mit Kieselgelpäckchen wegpacken. Stinkt es in der feuchten Sporttasche? Beutelchen rein. Auch die Kameraausrüstung und Metallwerkzeuge bleiben damit trocken.

DIP MITTENDRIN

WEINGLAS mit Chipsschüssel – eine feine Deko-Combo.

Auf der Suche nach der verlorenen Knusprigkeit? Lahme Chips bei 200 Grad für ein paar Minuten in den **BACKOFEN** legen.

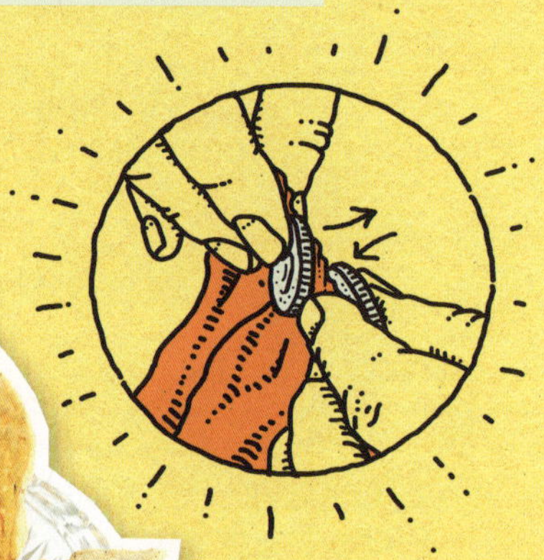

Die Chipstüte hält zu dicht? Wer zwei Münzen leicht überlappend von beiden Seiten an den **TÜTENRAND** presst, kommt problemlos an die Leckereien ran.

MIT ROTWEINGLAS UND SEKTSCHALE lassen sich Dipsaucen vorbildlich in die Snack-Gemeinschaft integrieren. Wer das Glas voll Salsa oder Guacamole mitten in eine Schüssel stellt und diese dann mit Knabbereien auffüllt, hat seine Würzsauce mittendrin statt nur dabei! **ZUSATZTIPP:** Wer vom Geschmack seines Lieblingssnacks gar nicht genug kriegen kann, sollte ihn in eine Pfeffermühle bröseln. Damit lässt sich jeder Salat würzig aufpeppen.

CHIPSTÜTE OHNE KLAMMER VERSCHLIESSEN

1. So viel Luft wie möglich aus der halbvollen Tüte pressen und diese anschließend bis kurz über den Chips einfalten.

2. Auf beiden Seiten den Rand der Tüte 2 bis 3 Zentimeter zur Mitte hin einklappen.

3. Den Rand fest zusammendrücken und entgegen der vorherigen Faltrichtung über die Ecken stülpen.

4. Auch kopfüber hält der Faltverschluss nun garantiert dicht, der Inhalt bleibt länger frisch und knusprig.

TÜTE MIT DECKEL

KEINE KLAMMER zum Verschließen eines Plastikbeutels parat? Eine Flasche tut's auch.

Geht auch: Ein scharfes **MESSER** mit dem Feuerzeug erhitzen und damit die Öffnung der Tüte abschneiden, sodass sie dabei zugeschweißt wird.

DEN OBEREN TEIL einer Plastikflasche mit Cutter oder Feinsäge abtrennen. Dann den Deckel abschrauben und das offene Ende der Tüte durch den Flaschenhals pfriemeln. Nun den Rand umkrempeln, straff ziehen und oben den Deckel draufschrauben. Die Tüte ist mit diesem Trick sogar luftdicht verschlossen. Wenn man eine Chipstüte auf diese Weise zumacht, bleiben die würzigen Leckereien auf jeden Fall länger knusprig.

APFEL TO GO

MIT DIESEM SELBST GEMACHTEN Apfelbausatz bleibt die Frucht unterwegs frisch und saftig.

BRAUN ANGELAUFENE ÄPFEL – die mag keiner mehr wirklich essen: unappetitlich. Also am besten frisch schneiden. Wer aber unterwegs nicht erst groß mit dem Messer rumhantieren will oder kann, schneidet den Apfel zu Hause in Viertel oder Achtel und entfernt das Kerngehäuse. Dann die fruchtigen Puzzleteile wieder zusammensetzen und außen herum ein breites Gummiband anbringen. So halten die Schnittflächen eng zusammen und bleiben „rostfrei".

HACKFLEISCHWALZE

MIT DEM NUDELHOLZ das Hackfleisch ausrollen – ein Muss vor dem Einfrieren.

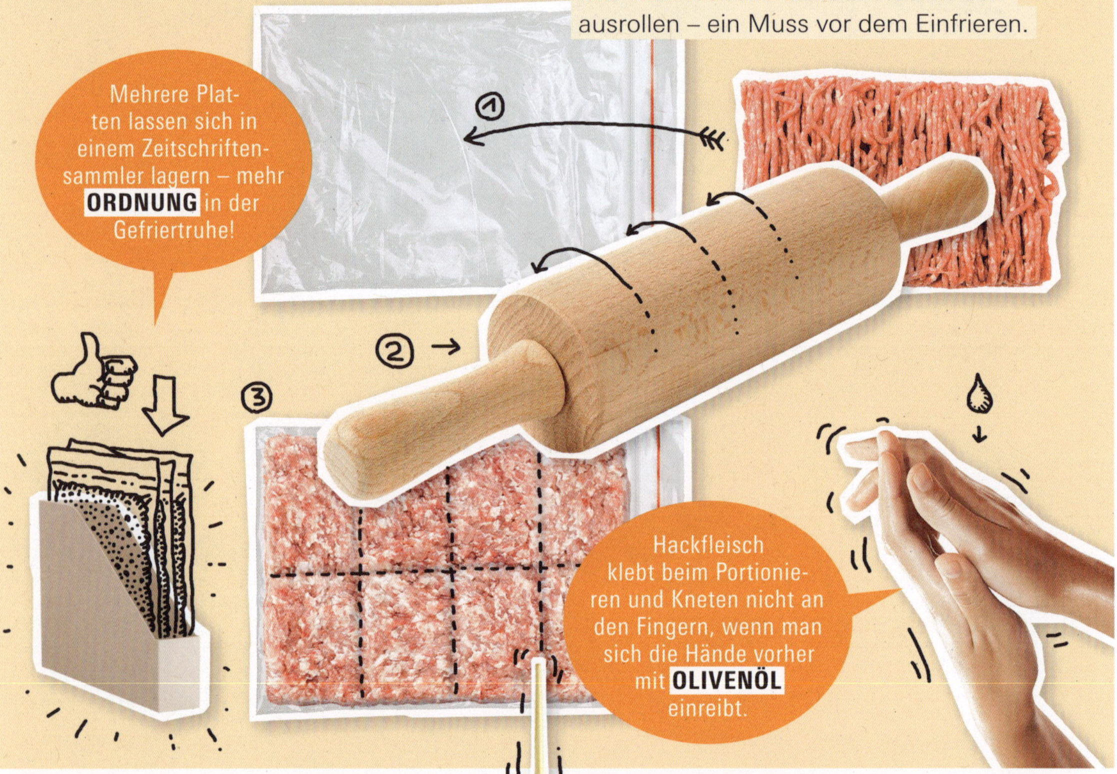

DAS AUFTAUEN von massigen Klumpen Hackfleisch dauert ewig. Deshalb das Hack vor dem Einfrieren einfach in einen großen Gefrierbeutel stecken und mit dem Nudelholz zur daumendicken Platte formen. So taut es später schneller auf, weil die Luft Zugang zu mehr Oberfläche hat. Wenn man vor dem Einfrieren mit Lineal oder Essstäbchen ein Raster aus Falzlinien ins Fleisch drückt, lassen sich später ganz einfach praktische Portionen abbrechen.

AUFTAUSANDWICH

VERGESSEN, DAS FLEISCH aus der Gefriertruhe zu holen? Nicht verzweifeln! So läuft das mit dem Expressauftauen.

Beim **EINFRIEREN** einen Strohhalm in den Gefrierbeutel stecken, so weit wie möglich zuziehen, Luft raussaugen und vollends verschließen.

EINEN KOCHTOPF mit Wasser (Raumtemperatur) füllen. Das Steak auf einen zweiten umgedrehten Topf oder auf ein Backblech legen und den mit Wasser gefüllten Topf oben draufstellen. Je nach Dicke des Steaks oder wie viele davon man zwischen die Töpfe stapelt, ist das Fleisch in ca. 5 bis 20 Minuten aufgetaut. Das Prinzip der Wärmeleitung macht's möglich: Das Metall, am schnellsten geht's mit Aluminium oder Kupfer, entzieht dem Fleisch die Kälte.

SIGNALBOOSTER

IST DAS AUTO TATSÄCHLICH abgeschlossen? So können Sie es zur Not auch aus größerer Entfernung noch nachholen.

ÄRGERLICH, WENN MAN noch mal zurückgehen muss, um das Auto zu verriegeln. Aber wer seinen Funk-Autoschlüssel beim Drücken des Knopfes an Kopf oder Kinn hält, vergrößert so die Reichweite des Funksenders.

DER GRUND: Die Wassermoleküle im Kopf werden in Schwingung versetzt und wirken als Verstärker. Der Trick funktioniert daher auch, wenn sie den Schlüssel gegen eine volle Wasserflasche pressen.

UNDERCOVER-ROUTER

DIE ELEKTRONIK IM HAUS soll brav funktionieren, aber die ganze Zeit bei der Arbeit zuschauen will man ihr dann doch nicht.

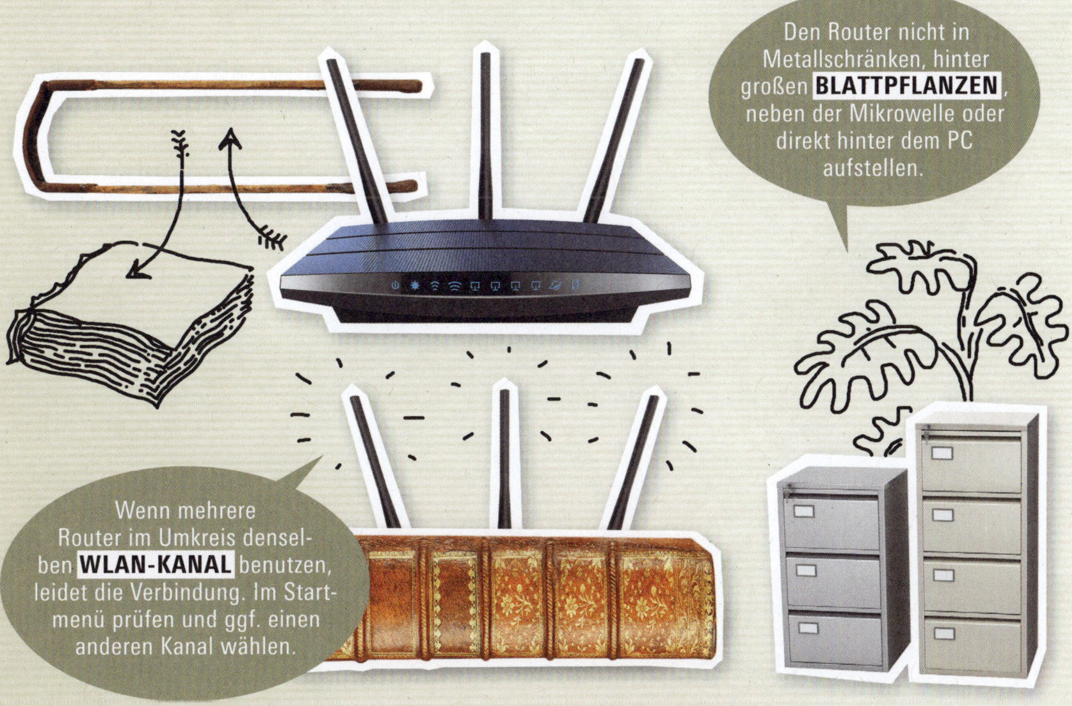

WENN IHRE AUGEN sich beim Anblick eines WLAN-Routers persönlich beleidigt fühlen, weil das Ding einfach nicht zum Stil der übrigen Einrichtung passt, lässt sich das mit einem kleinen Versteckspiel ändern:

SIE BENÖTIGEN DAZU ein ausrangiertes Hardcover-Buch, oder genauer: dessen Einband. Sobald Sie es ausgeweidet und alle Seiten entfernt haben, den Router zwischen die Buchdeckel stellen, sodass nur noch die Antenne rausschaut.

HANDY ON THE ROAD

EIN HALTERLOSES HANDY gerät im Auto schnell zur Unfallgefahr. So findet es ein rutschfestes Zuhause am Armaturenbrett.

Statt Klammer tut's auch **NUR DAS GUMMIBAND**: Um den Gitterstab der Klimaanlage pfriemeln und Telefon in die beiden Schlaufen klemmen.

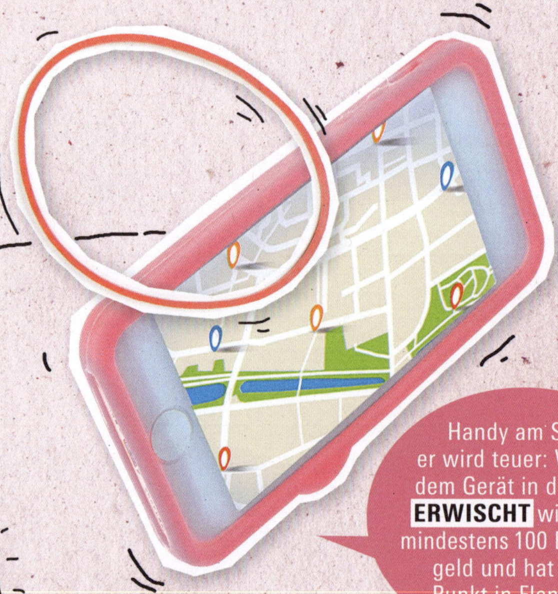

Handy am Steuer wird teuer: Wer mit dem Gerät in der Hand **ERWISCHT** wird, zahlt mindestens 100 Euro Bußgeld und hat einen Punkt in Flensburg.

EIN HANDYHALTER lässt sich im Wagen mit einer Papierklemme und einem Gummi- oder Haarband improvisieren: Klammer an den Lüftungsschlitzen festklemmen, Gummiband durch den oberen Bügel führen, untere Schlaufe durch die obere fummeln und festziehen. Dann das Handy quer zwischen die Bügel platzieren, die Gummibandschlaufe über den Screen ziehen und am unteren Bügel einhaken. Zu locker? Dann ein kürzeres Gummiband probieren.

SCHLÜSSEL ZUM GLÜCK

Um einen Schlüssel **VOM SCHLÜSSELRING** abzubekommen, ohne sich die Nägel abzubrechen, ist zum Beispiel ein Heftklammerentferner gut geeignet.

WEDER MÜNZE NOCH Chip dabei, um den Einkaufswagen zu entriegeln? Keine Sorge, der lässt sich anderweitig bestechen.

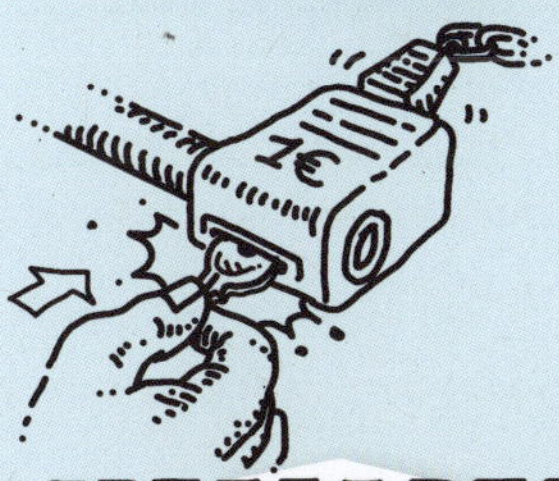

Oder den Schlüsselring gleich durch ein hufeisenförmiges **PIERCING** ersetzen. Dessen Metallkügelchen lassen sich ganz leicht ab- und anschrauben.

DA STEHEN SIE MAL WIEDER schön bedröppelt im Supermarkt: fünf Sorten Plastikgeld, aber keine Münze als Pfand zur Hand. Doch die Lösung ihres Problems hängt an ihrem Schlüsselbund:

BESITZT EINER IHRER SCHLÜSSEL einen runden Kopf, haben Sie Glück – denn dieser hat die gleiche Form wie eine 1-Euro-Münze. Also einfach den Kopf des Schlüssels in den Schlitz stecken und schon kommt die Shoppingtour ins Rollen.

ALARM IM KLEIDERSCHRANK

Tipps und Tricks rund um den Inhalt dieses raumgreifenden Möbelstücks.

Wohin mit Tüchern, Schals, Krawatten und Gürteln? Wer die Querstrebe eines Kleiderbügels mit Duschvorhangringen bestückt, kann sie dort reihenweise nebeneinander aufhängen.

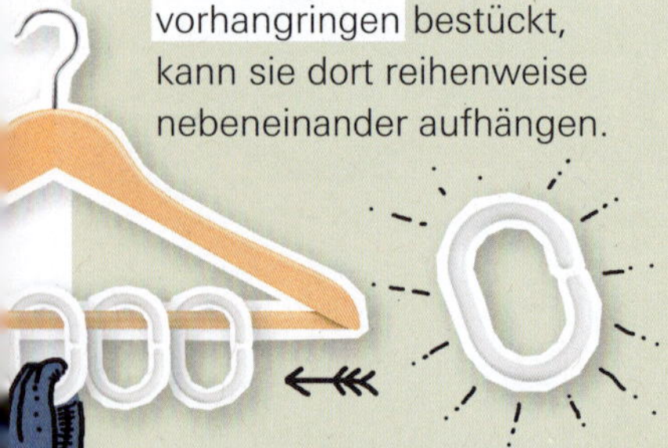

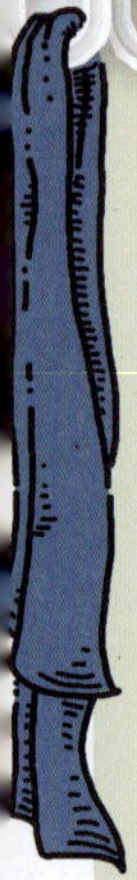

Falls der Reißverschluss klemmt, mit Kerzenwachs, Vaseline, einem Stück Seife oder auch einer Bleistiftmine einreiben, dann flutscht es wieder.

Fusselrolle verschlampt? Lässt sich leicht ersetzen. Haarspray auf ein Papiertuch sprühen und das Kleidungsstück damit abtupfen.

Ein loser Reißverschluss an der Hose? Dann einen Schlüsselring durch das Loch des Schiebergriffs ziehen und den Ring oben am Hosenknopf einhängen.

Wenn ein Knopf am Hemd sich zu lösen beginnt, einfach einen Tupfer Nagellack draufgeben, dann hält er eine Weile länger und kann bei Gelegenheit richtig neu angenäht werden.

Motten im Schrank? Kleiderbügel aus Zedernholz vertreiben sie besonders gut. Wenn die Wirkung nachlässt, das Holz einfach mit Schmirgelpapier wieder etwas aufrauen.

Wenn das Top mit Spaghettiträgern immer vom Bügel rutscht, einfach an beide Enden des Bügels ein Gummiband drumwickeln.

Stauraum nach unten nutzen? Mit einem Getränkedosenverschluss (Pop Tab) um den Haken eines Kleiderbügels lassen sich mehrere Bügel aneinanderhängen, um die Höhe des Schranks besser auszunutzen.

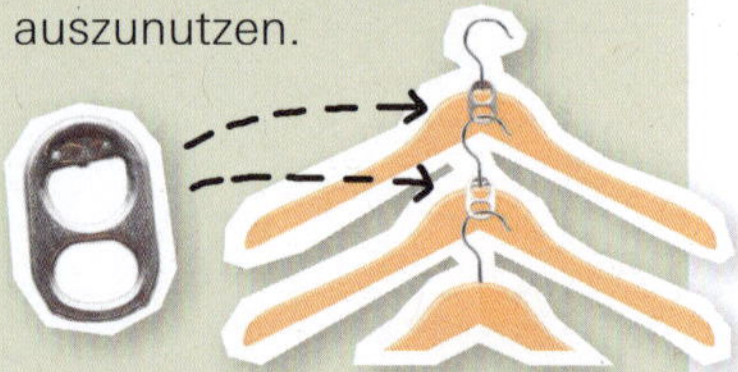

Elektrisch aufgeladen? Haare und Kleider lassen sich ruckzuck entladen, wenn man mit einem Trocknertuch drüberwischt. Geht auch: eine Sicherheitsnadel unter den Kragen des Rollkragenpullis, dann lädt sich beim Überziehen nichts mehr auf.

SCHUHE BÄNDIGEN

WENN DIE LATSCHEN DRÜCKEN, muss eiskalt durchgegriffen werden.

Auch einen Versuch wert: Die Stelle im Schuh, an der der Fuß sich wundschuppert, mit **KERNSEIFE** einreiben.

Schneller geht's mit **HITZE**: Die dicksten Wollsocken anziehen, in die Schuhe schlüpfen und sie heiß anföhnen, damit das Leder sich weitet. Dabei rumlaufen.

SCHUHE DOCH ZU KLEIN GEKAUFT? Zum Weiten der Treter einen Gefrierbeutel mit Wasser füllen (etwas Luft lassen, damit das Wasser sich bewegen kann) und so in den Schuh legen, dass auch die Schuhspitze ausgefüllt ist. Nun die Schuhe, in einer Plastiktüte verpackt, ins Gefrierfach legen. Durch den Dehnungseffekt des gefrierenden Wassers werden die Schuhe ausgeweitet. Das geht allerdings nur bei Leder, Plastik ist zu hart und dehnt sich nicht.

IN DER KLEMME

TOMATEN SOLLEN MASSENHAFT für einen Salat halbiert werden? Mit dieser Sandwichmethode kein Problem.

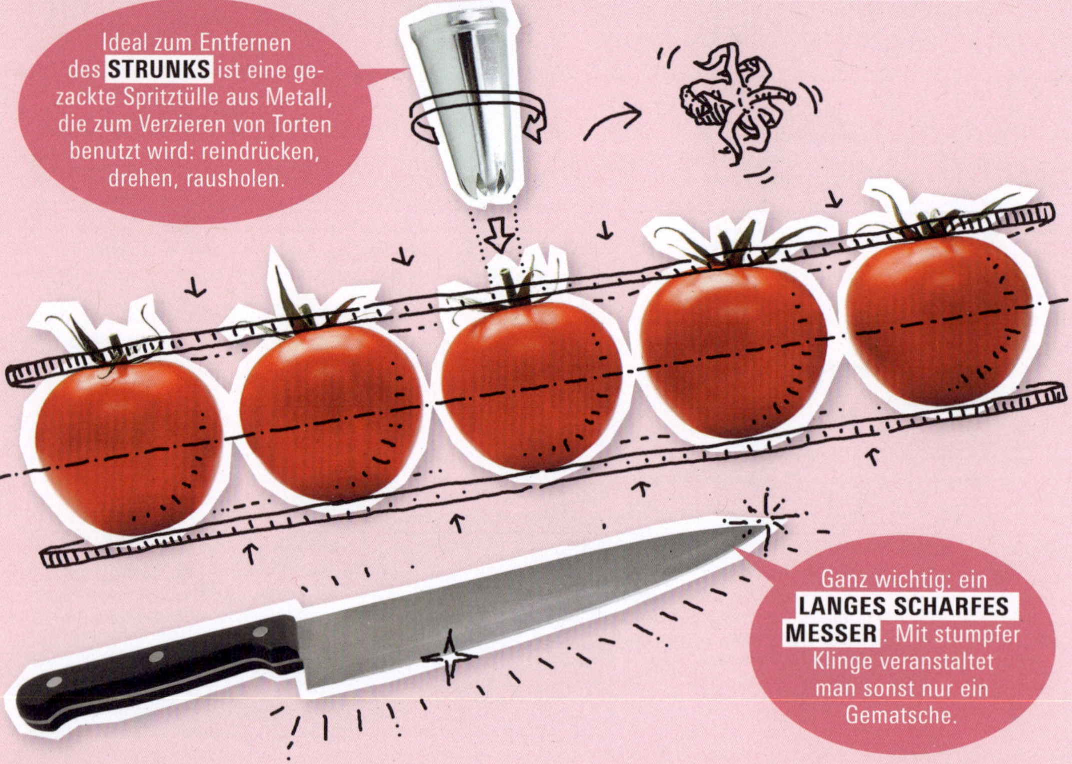

EINE LAGE TOMATEN auf einen runden Kunststoffdeckel legen. Einen zweiten gleich großen Deckel von oben sandwichmäßig draufpressen. Alternativ auch zwischen die Unterseiten zweier Teller platzieren.

DANN SEITLICH MIT EINEM MESSER durch den Spalt fahren und schneiden. Der Trick funktioniert nur mit gleich großen Tomaten, also zum Beispiel Cherrytomaten. Auch Trauben lassen sich auf diese Weise im Dutzend halbieren.

IMMER SCHÖN PRESSEN

FÜRS GARTENFEST braucht es kübelweise Obstsalat? So gerät das Verarbeiten des XXL-Bananenvorrats nicht zur schweren Geburt.

Länger **FRISCH** bleiben Bananen, wenn man ihren Stiel mit Alu- oder Frischhaltefolie einwickelt.

Bananen reifen **SCHNELLER** wenn man sie in eine geschlossene Papiertüte legt und/oder zusammen mit reifen Äpfeln oder Tomaten lagert.

ZUR MASSENABFERTIGUNG einen Backofenrost auf eine Schüssel legen. Bananen zur Hälfte schälen und dann die offene Seite durch den Rost drücken. Funktioniert auch mit Avocados, wenn's viel Guacamole zu machen gibt.

WER BANANENBROT machen will, aber nur grüne Früchte dahat, kann die Bananen zur Turboreifung ungeschält bei 150 Grad in den Backofen legen, bis die Schale dunkelbraun wird. Innen sind sie dann schön matschig reif.

MULTIMUFFINBLECH

Beilagenbuffet beim Grillen?

Ein Muffinblech versammelt Gurken, Tomaten, Zwiebeln, Senf, Mayonnaise, Ketchup, Krautsalat & Co. griffbereit **an einem Platz.**

In Werkstatt und Hobbykeller

lassen sich **Schrauben und Nägel** praktisch in den Muffinmulden ordnen.

Zum österlichen Eierfärben

dient das Blech ebenso wie als **Palette** beim Malen mit Acrylfarben.

Smoothies, Suppen oder Soßen

auf Vorrat gemacht oder übrig geblieben? Im Muffinblech lassen sie sich **zum Einfrieren gut portionieren,** sodass man jeweils genau die richtige Menge auftauen kann.

Große fruchtige Eis-Pods,

mit denen Karaffen voll Wasser eine **frische Zitrusnote** verliehen bekommen, lassen sich auf Vorrat im Muffinblech herstellen.

Ein Dutzend volle Trinkgläser

reinstellen und schon ist das Muffinblech ein Tragetablett mit **Wackelschutz.**

× 3!

Als Aufzuchtstation von Pflanzen

auf dem Balkon leistet das Blech gute Dienste. Wer jede Mulde **unten durchlöchert,** kann die Gewächse auch dauerhaft darin ansiedeln.

Beim Basteln mit Kindern

lässt sich das Muffinblech toll mit **Kleinmaterialien** wie Perlen und Pailletten füllen. Ein kippsicheres Vergnügen!

Praktisch portionierte Mini-Omeletts

oder Spiegeleier gefällig? Oder Eier-Frikadellen für den Frühstücksburger? **Bei 175 Grad für ca. 15 Minuten** in den vorgeheizten Ofen schieben.

Sollen die Plätzchen

perfekt **kreisrund** werden? Rein mit dem Teig!

Gefüllte Paprika

kippen in der Form im Ofen immer um? Aufs Muffinblech umsteigen!

Stimmungsvolle Partybeleuchtung?

Wer Wasser in die Vertiefungen füllt, kann im Handumdrehen ein Meer von **schwimmenden Kerzen** bewundern.

DRÜCKEBLECH

HEUTE BLEIBT DIE MUFFINKÜCHE kalt – das Blech hat im Garten zu tun.

Als Aussaathilfe geht auch **KLOPAPIER:** längs falten, befeuchten, Samen drauf, zufalten und befeuchten, dann in der Rille mit Erde bedecken.

SCHÄDLINGE in der Blumenerde? Durchfeuchtete Erde in einer Papiertüte 5–10 Minuten auf niedriger Stufe in die Mikrowelle!

BEIM AUSSÄEN DIE LÖCHER für Samen und kleine Pflanzen schön regelmäßig hinzukriegen, ist gar nicht so einfach. Doch zum Glück eilt ein Multitalent aus der Küche herbei: das Muffinblech als Stanzgehilfe. Als ob ein überdimensionaler Legostein den Garten heimgesucht hätte – so sieht es aus, wenn man das Muffinblech als Muldendrücker im Beet benutzt hat. Eine praktische Sache. Anschließend gründlich waschen und ab geht's zurück in den Küchenschrank.

TOTAL VERWAFFELT

VERSTAUBT IHR WAFFELEISEN im Schrank? Mit diesen Ideen werden Sie das Teil mit ganz neuen Augen sehen.

REIS VON GESTERN übrig? Im Waffeleisen zum Fladen backen und noch ein Spiegelei obendrauf – fertig ist das etwas andere Frühstück.

Auch **RÜHREI** lässt sich darin machen – als praktisch portioniertes Fingerfood kann man es auch unterwegs genießen.

DAS WAFFELEISEN KANN so viel mehr als nur süß: Übrig gebliebene Pizzastücke zusammengefaltet gebacken ergeben leckere Calzone. Geraspelte Kartoffeln werden ruckzuck zur Rösti-Waffel.

DAS REINIGEN des Eisens geht genauso schnell: mit einer Putzwaffel! Einfach Wasser und Speisestärke 1:1 mischen, reingießen und backen. Wenig später kann man die Waffel, an der der ganze Dreck festklebt, bequem entsorgen.

PLASTIKBEUTEL ZUSCHWEISSEN

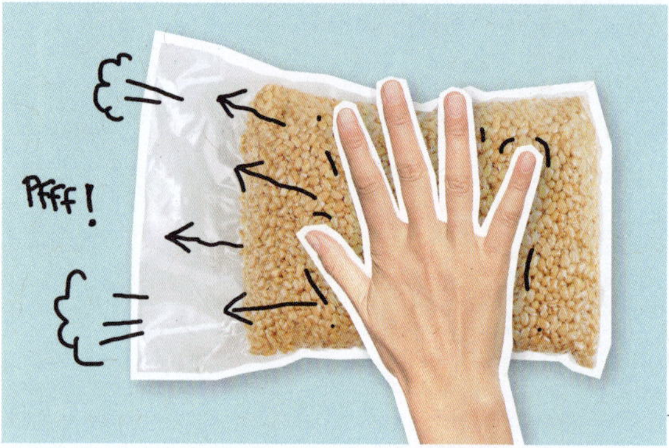

1. Auch ohne Folienschweißgerät lassen sich Gefrierbeutel etc. luftdicht verschließen. Den gefüllten Beutel auf eine hitzefeste Unterlage legen und die Luft herauspressen.

2. Ein ungefähr 10 Zentimeter breites Stück Alufolie zurechtschneiden, längs knicken und wie eine Manschette auf und unter die Tütenöffnung legen.

3. Anschließend für einige Sekunden mit einem Bügeleisen bei mittlerer Hitze über die Alumanschette fahren. Anschließend die Alufolie wieder entfernen.

4. Der Gefrierbeutel ist nun fest verschweißt, sodass auch kopfüber nichts mehr herauspurzeln kann.

KRÄUTER IN THE ROCKS

DAS GANZE JAHR ÜBER Kräuter aus dem eigenen Garten – so geht's.

Kräuter lassen sich nicht nur zerschneiden, sondern auch zerrollern: mit dem scharfen Rädchen eines **PIZZASCHNEIDERS**.

Im Kühlschrank bleiben Kräuter länger **FRISCH**, wenn man sie in ein halbvolles Glas Wasser stellt und einen Gefrierbeutel mit Gummiband darüber fixiert.

AUCH IM WINTER wäre es eine feine Sache, Suppen und Saucen mit Kräutern aus eigener Produktion würzen zu können. Das geht supereinfach: Die Kräuter ernten, in eine Eiswürfelform geben – am besten eine aus Silikon, dann bekommt man sie leichter wieder raus – und mit Olivenöl übergießen. Nach dem Einfrieren dann in Gefrierbeutel umfüllen. Zur Verwendung dann die benötigte Menge Kräuterwürfel in Pfanne oder Topf plumpsen lassen.

KÄLTEKUR

VIELE GEMÜSE mögen es, wenn man ihnen einen Schock verpasst. Auch manchen Fingernägeln hilft es weiter.

MANDELN lassen sich leichter häuten, wenn man sie kurz in Wasser kocht und dann sofort in frostigem Wasser abschreckt.

Soll **NAGELLACK** schneller trocknen, tunkt man die Finger nach dem Lackieren in Eiswasser. Das spart gut ein Drittel der ansonsten benötigten Zeit.

GRÜNE BOHNEN und Brokkoli nach dem Garen abschrecken – dann werden sie nicht matschig und behalten ihr frisches Grün. Auch Basilikum, das zu Pesto verarbeitet werden soll, vor dem Zerkleinern blanchieren und abschrecken.

KARTOFFELN lassen sich leichter schälen, wenn man vor dem Kochen um jede einen kreisförmigen Schnitt macht und sie danach abschreckt. Weiche Tomaten werden im Eisbad wieder straffer und lassen sich besser schneiden.

EIERSCHALEN

Sie sind kein Müll, sondern wertvolle Haushaltshelfer – und noch dazu gesund!

Weiße T-Shirts mit weißen Eierschalen statt mit teuren Aufhellern oder Bleichmitteln waschen: zerkleinert in ein Säckchen tun – am besten aus Leinen, aber ein Nylonstrumpf tut's auch. Sie kommen weißer aus der Maschine.

Mit einer Nähnadel ein Loch in eine Eierschale – so wird sie zum Trichter, mit dem sich zum Beispiel Essig oder Parfüm umfüllen lässt.

Glasvasen mit engem Hals von Schmutzrändern befreien? Hat die Vase einen so engen Hals, dass man mit der Bürste nicht reinkommt, hilft die zerdrückte Schale von einem Ei als „Schleifmittel": Die fein zerkleinerten Schalenstücke in die Vase geben, zur Hälfte mit Wasser auffüllen und dann kräftig schütteln. Die scharfkantigen Schalen lösen die Verschmutzungen. Statt Eierschalen lässt sich auch ungekochter Reis verwenden.

Die Schneideblätter des Mixers werden immer stumpfer? Für einen neuen Leistungsschub eingefrorene Schalen von gekochten Eiern mit etwas Wasser hineinschmeißen und durchmixen. Den Eierschalenmatsch danach auf dem Kompost entsorgen.

Vor Schnecken im Garten schützen zerbröselte Eierschalen, die um die Pflanzen gestreut werden. Die Schnecken mögen mit ihren weichen Körpern nicht darüberkriechen und bleiben so den Pflanzen fern.

Für eine Gesichtsmaske Eierschalen in einem Mörser zerkleinern, mit einem Eiweiß vermischen – das strafft die Haut. Man sollte die Schalen vorher bei 100 ° C für 10 Minuten im Ofen desinfizieren.

Für gute Glut

Die Grillanzünder sind alle und die Gäste warten ungeduldig auf ihre Steaks und Würstchen? Diese **selbst gemachten Ersatzstücke** fangen rasend schnell Feuer.

ZÜNFTIGES ZÜNDELN

Ob fürs Grillen, zum Anfachen des Lagerfeuers beim Camping oder gemütlich am Kamin – es gibt eine ganze Reihe von Möglichkeiten, ohne herkömmliche Anzünder ordentlich für Zündstoff zu sorgen.

Holzspäne und Wachs
Holzspäne vom Heimwerken auf die mit Papierförmchen ausgelegten Mulden einer Muffinbackform verteilen und flüssiges Wachs darübergießen. Am Ende sollte eine Schicht Späne oben zum Anzünden übrig bleiben.

Fussel und Wachs
Die Fusselsammlung aus dem Trockner in einen Eierkarton oder die Papprolle des Klopapiers stopfen. Etwas altes Kerzenwachs dazugießen, damit sich die Brennzeit verlängert.

Kartoffelchips
Besonders Nachos und Tacos brennen erstaunlich gut.

Vaseline und Watte
Einen Klecks Vaseline nehmen oder einen Lippenpflegestift plündern und darauf einen Wattebausch setzen. Etwas durchkneten, damit es verklebt, aber so, dass oben noch Watte pur übrig ist. Natürlich funktionieren auch Wattepads.

Weinkorken und Spiritus
Weinkorken mehrere Tage in Reinigungsalkohol oder Spiritus einlegen. Danach in einem luftdichten Schraubglas lagern, damit der Alkohol sich nicht verflüchtigt.

Tannenzapfen und Wachs
Wer das Grillanzünden gern formvollendet zelebriert oder nach einem Geschenk für einen BBQ-Meister sucht, ist hier goldrichtig: Kerzenreste im Glas in einem Wasserbad erhitzen, bis das Wachs flüssig ist. Kurz abkühlen lassen. Dann das flüssige Wachs in die mit Papierförmchen ausgelegten Mulden eines Muffinblechs gießen. Einen Tannenzapfen reinstecken und für eine Stunde abkühlen lassen. Ein Stück Pappe an einer Kordel um den Zapfen hängen – es dient einerseits als eine Art Docht, der zuerst angezündet wird, und kann andererseits als Etikett mit einem Gruß oder einer Widmung versehen werden. Fertig ist das feuerfreudige Tannentörtchen!

Als Alternative lassen sich die Tannenzapfen auch in einen Topf Wachs tunken. Dafür den Zapfen an einer Schnur befestigen reindippen. Zwischendurch abkühlen lassen und wiederholen, damit mehrere Schichten übereinander einen dickeren Wachsmantel entstehen lassen.

AVOCADOSHOW

UM AN DIE GESUNDEN Fette der Avocado ranzukommen, gilt es, den Kern zu entfernen. Mit diesem Dreh gelingt's leicht und bühnenreif.

UNREIFE Avocados mit einer Banane in eine Papiertüte stecken. Vorsicht: Beim „Turboreifen" im Backofen leidet der Geschmack.

Mit Avocadokernen lässt sich Stoff **FÄRBEN**: Beim Aufkochen im Wasser entsteht ein Farbsud, der später auf Tüchern ein sanftes Lachsrot ergibt.

EINEN KORKENZIEHER behutsam in die Frucht schrauben. Sobald er fest verankert ist, die Avocado wie gewohnt mit einem Messer halbieren und den Kern rausziehen. Sobald das Fruchtfleisch mit Luft in Kontakt kommt, tickt die Uhr: Es wird langsam, aber sicher braun. Die Lösung: Um das Anlaufen zu verlangsamen, einfach mit Pflanzenöl einpinseln. Übrigens: Guacamole im Plastikbehälter wird nicht braun, wenn man etwas Wasser obendrauf gießt.

GEQUIRLTE MELONE

WER ES LEID IST, vom Melonenschneiden und -essen klebrige Hände zu bekommen, wird hier erlöst.

FÜR DEN MELONENSMOOTHIE ein ca. 3 Zentimeter großes Loch in die Frucht bohren. Dann ein Stück eines sauberen Drahtkleiderbügels abtrennen und vorne zu einer Schlaufe biegen, das andere Ende in einen Akkubohrer spannen und die Schlaufe in die Melone stecken. Einschalten. Nach ca. 30 Sekunden sollte alles in den Püreezustand übergegangen sein. Zum Servieren einen Pappbecher zuschneiden und als Ausschankhilfe ins Loch stecken.

SCHIRMCHENHERRSCHAFT

MUFFINFÖRMCHEN EROBERN das Sommerfest. Widerstand ist zwecklos.

KLECKERSCHUTZ gibt es auch für Eis in der Waffel: Ein kleines Marshmallow ganz unten verhindert, dass das Eis die Spitze durchweicht.

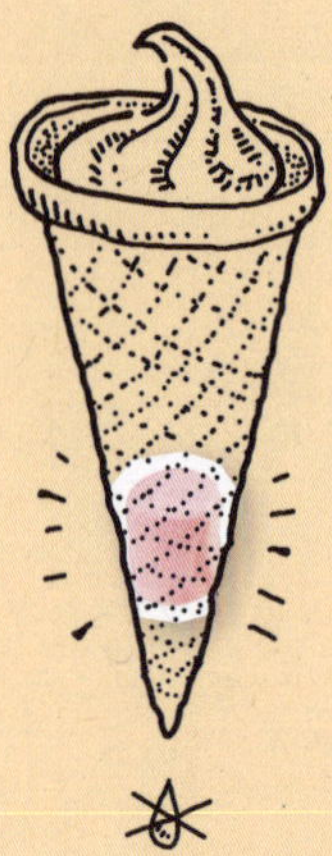

WENN DAS EIS AM STIEL zu schmelzen droht, den Stiel durch ein Muffinförmchen stechen: Kleckerschutz für Groß und Klein. Umgekehrt als Schirm auf ein Glas gesteckt und mit einem Strohhalm durchstochen, hält es Insekten ab.

FÜR BUNTE BELEUCHTUNG sorgen die Förmchen auch noch: Wer seine Weihnachtslichterkette auspackt und mit jeder Kerze zwei unterschiedlich große Förmchen durchsticht, verwandelt sie in eine Leuchtblumenkette.

OBST AM SPIESS

KEIN ENTKERNER DA? Null Problemo. Auch mit Strohhalm und Essstäbchen kann man den Früchtchen auf den Leib rücken.

Kirschen vor dem **ENTSTEINEN** kurz in den Eisschrank legen. Dann klebt das Fruchtfleisch weniger am Stein.

Erdbeeren vor dem **LAGERN** in ein Wasser-Essig-Bad, Mischungsverhältnis 3:1, geben und danach gut abtrocknen – sie halten sich länger.

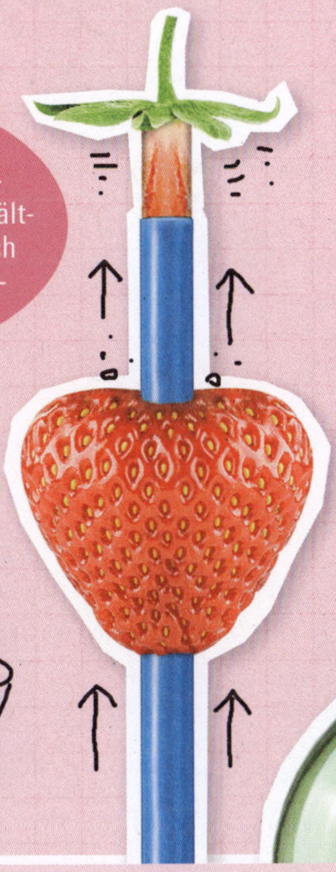

NIE MEHR MÜHSAMES RUMZUPPELN an den grünen Blättern der Erdbeeren! Einen Strohhalm unten durch die Spitze der Frucht stechen. Und dann ab durch die Mitte, bis oben das Grün inklusive weißem Strunk auf dem Halm thront.

KIRSCHEN LASSEN SICH entweder mit Strohhalm oder Essstäbchen entkernen. Dazu die Kirsche auf einen Flaschenhals setzen. So landen die Kerne ganz bequem direkt im gläsernen Abfallcontainer.

GETRÄNKERETTER

BILLIGEN ROTWEIN als Geschenk erwischt? Oder selbst danebengegriffen? So lässt sich das unedle Tröpfchen ein wenig verfeinern.

Billiger **WODKA** lässt sich veredeln, indem man ihn mehrmals durch einen Wasserfilter schickt. Er eckt spürbar weniger in der Kehle an.

Wem der **KAFFEE** zu bitter ist: Vorm Brühen zerbröselte Eierschalen mit in den Filter geben. Aber nur von gekochten Eiern, sonst drohen Salmonellen.

ROTWEIN MUSS ATMEN. Lumpiger Rotwein muss atemlos gemacht werden: Jagt man ihn für etwa eine Minute durch den Mixer, wird er um einiges geschmeidiger schmecken. Etwas Zeit sollte man einplanen, damit sich der Schaum setzen kann. Die Methode mag primitiv wirken, aber eigentlich sollte man kein schlechtes Gewissen haben – schließlich gibt es einen niveauvollen Fachbegriff für diese rotweinrettende Maßnahme: hyperdekantieren.

DOPPELT ISST SCHNELLER

RUSHHOUR IM BACKOFEN? So lassen sich Stau und Wartezeiten umgehen.

Pizzareste von gestern mit einem Glas Wasser in der **MIKROWELLE** aufwärmen? Das wird einfach nur lapprig.

Pizza wärmt man am besten mit etwas Öl bei mittlerer Hitze für ca. 6 Minuten in einer Bratpfanne auf. Wichtig: mit **DECKEL** oder Alufolie abdecken!

EIN OFEN, ZWEI PIZZEN. Wenn der große Hunger kommt und keiner klein beigeben will, kann so ein Notstand zu fiesen Revierkämpfen führen. Außer man hat ein Messer zur Hand: Beide Pizzen in der Mitte durchschneiden und mit den Schnittkanten am Rand des Backofenrosts platzieren. Und wenn die Pizzen schon mal durchgeschnitten sind, ist das doch geradezu eine Einladung, gegenseitig Hälften zu tauschen, damit jeder alles kosten kann.

NICHT WEGSCHMEISSEN! 7 DINGE, DIE'S NOCH BRINGEN

1 Saure Milch

Saure Milch gehört nicht einfach weggeschüttet. Die in ihr enthaltene Milchsäure macht sie zu einem guten Reinigungsmittel gegen Kalk. Also zum Beispiel einfach im Bad die Armaturen damit abwischen und mit klarem Wasser abspülen.

2 Rotweinreste

Die Rotweinflasche nicht ganz geschafft? Die Reste nicht in den Ausguss, sondern in eine Eiswürfelform damit, Würfel in einem Gefrierbeutel lagern. So hat man immer etwas parat, um Soßen abzuschmecken.

3 Brennnesseln

Nicht bekämpfen, sondern ernten! Dann ein großes Büschel in einem Eimer mit heißem Wasser aufgießen. Nach etwa fünf Minuten Einweichzeit mit Gummihandschuhen geschützt rausholen, ausdrücken und die Fenster damit wischen. Essig- und Ameisensäure in den Brennnesseln bringen das Glas streifenfrei zum glänzen.

4 Karottengrün

Aus dem Grün lässt sich Pesto zaubern: Nachdem es gewaschen, getrocknet und gehackt ist, Pinien- oder Cashewkerne dazugeben. Knoblauch und Olivenöl beimengen und das Ganze pürieren. Mit Pfeffer und Salz abschmecken.

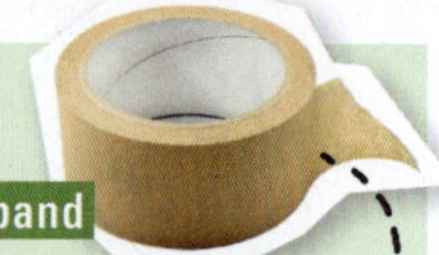

5 Klebeband

Altes Klebeband kann einen zweiten Frühling erleben, wenn man es für zwei bis drei Minuten auf mittlerer Stufe in die Mikrowelle legt. Dann klebt es wieder.

6 Strumpfhosen

Die Strumpfhosen haben eine hässliche Laufmasche? Wer in den Strumpffuß Seifenreststücke gibt und den Strumpf verknotet neben den Gartenwasserhahn hängt, hat einen praktischen Seifenspender.

7 Klopapierrollen

Zum Altpapier damit? Lieber zum Ordnungshüter umfunktionieren und aufrecht in Schubladen und Schachteln stellen, um Kabel darin zu lagern. Oder längs aufschneiden und als Manschetten um Geschenkpapierrollen legen.

SCHUBLADEN-ORGANIZER

1. Fünf gleichgroße Stücke Filz mit den Maßen 20 cm × 30 – 40 cm zuschneiden. Auf das erste Stück mit der Heißklebepistole drei gerade Striche ziehen.

2. Ein zweites Stück Filz obendrauf pressen und mit zwei Klebelinien versehen. Dann wieder ein Stück mit drei Linien daraufkleben und danach noch eins mit zwei Klebelinien.

3. Anschließend wird der Filzstapel horizontal durchgeschnitten. Dann klebt man beide Teilstücke nebeneinander (drei Klebelinien) und zieht den Filz auseinander.

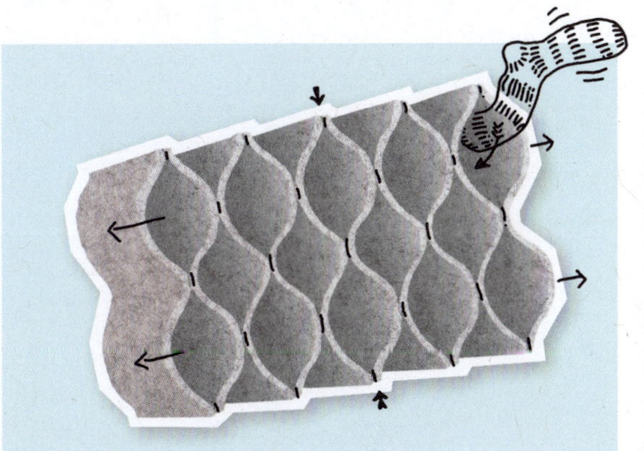

4. In die entstandenen Waben lassen sich superpraktisch Unterwäsche und Socken stecken, sodass es mit dem Chaos in der Schublade endlich vorbei ist.

4
SUPER SUN
20
1.
2.
3.
4.

SUPERSCHLAU

Viele Life Hacks sind rückblickend so offensichtlich, dass man sich gegen die Stirn kloppen könnte. Damit Sie künftig nicht mehr nach der Devise „Warum einfach, wenn's auch umständlich geht?" leben müssen, hier einige Tricks, die im Hirn reihenweise Knoten lösen, von denen Sie gar nicht wussten, dass sie da waren.

SESAM, ÖFFNE DICH!

Bierflasche

Viele durstige Kehlen und kein Flaschenöffner in Sicht? Den Flaschenhals mit der einen Hand ganz umfassen und ein Feuerzeug zwischen Hand und Kronkorken ansetzen. Dann nach unten drücken, um den Deckel nach oben zu hebeln. Geht auch: Textmarker, Löffelstiel, Gürtelschnalle, der Absatz eines Stöckelschuhs …
Für Fortgeschrittene: Ein DIN-A4-Blatt so klein falten, dass es hart genug ist, den Deckel damit wegzuhebeln.

Weinflasche

Kein Korkenzieher da? Wer einen Werkzeugkasten zur Hand hat, schnappt sich Schraube und Schraubenzieher. Wenn die Schraube im Korken versenkt ist, lässt er sich mit einer Gabel oder Zange problemlos daran herausziehen.
Für gut ausgerüstete Angeber: Mit einem Bunsenbrenner bewaffnet lässt sich der Alkohol auch erobern. Die blaue Flamme etwas unterhalb des Korkens an den Flaschenhals halten – wie von Geisterhand schiebt sich der Korken langsam nach oben, bis er ganz rausploppt.

Gurkenglas

Mal wieder an einem renitenten Gurkenglas gescheitert? Erste Maßnahme: mehrmals auf den Boden schlagen und mit der bloßen Hand schrauben.

Wenn's immer noch nicht geht, muss man sich mit Gummi mehr Grip verschaffen: Da wären die Putzhandschuhe aus der Küche oder ein breites Gummiband, das sich rundherum anlegen lässt. Oder zur Not einen alten Tennisball aufschneiden.

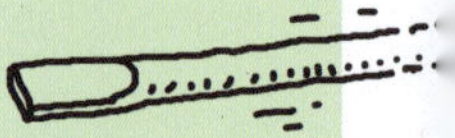

Der Klassiker: Mit dem Schlitzschraubenzieher oder einem Löffelstiel unter die Deckelkante fahren und diese nach oben hebeln. Bei Bedarf an mehreren Stellen ansetzen, bis es Plopp macht und die Luft entweicht.

Die sanfte Methode: Das Glas kopfüber in ein heißes Wasserbad stellen und eine Minute warten, bis sich das Metall des Deckels ausgedehnt hat. Danach lässt er sich ohne jegliche Schweißausbrüche öffnen.

JA, WO HÄNGEN SIE DENN?

NICHT NUR ALS HANDTUCHHALTER zu gebrauchen: Der Selbstklebehaken zeigt, was alles an ihm hängt.

Wer **KABEL** zu verstecken hat, klebt die Haken als praktische Halter an die Rückseite von Tischplatten und -beinen.

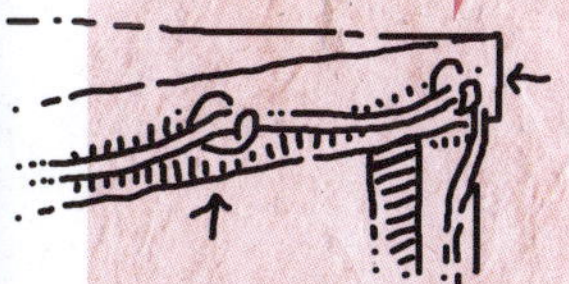

Auch **ZAHNBÜRSTEN** lassen sich reihenweise mit den Haken an die Wand heften. So können sie immer gut trocknen.

WOHIN MIT DEN DECKELN, damit sich die Töpfe ineinander stapeln lassen? Am besten direkt an die Innenseite der Schranktür, dann bleiben sie in der Nähe der Töpfe. Drei Selbstklebehaken pro Deckel genügen. Aufgepasst: Vor dem Anbringen überprüfen, ob genügend Platz zwischen Schranktür und Einlegeböden ist, damit die Tür am Ende nicht halb offen bleibt.
Und wem eine Wandhalterung für den Tabletcomputer zu teuer ist, greift auch zu drei Haken.

ZWIEBELHOSENPRINZIP

ZWIEBELN IN ALTE NYLONS stecken? Ja, das ist die neueste Mode und auch noch hilfreich.

Bei der Lagerung sollte man Zwiebeln von **KARTOFFELN** fernhalten, weil sich beide beim Reifen gegenseitig anstacheln.

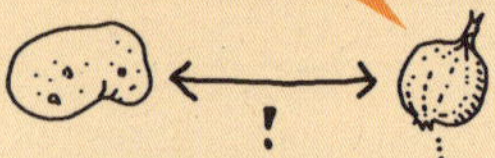

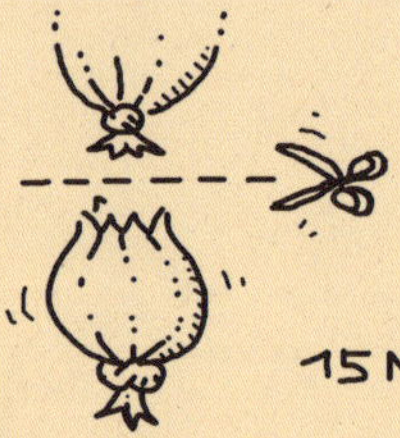

Wer rohe Zwiebeln im Salat mag, aber den Geschmack zu streng findet: die Zwiebeln mit **SALZ** bestreuen, 15 Minuten einwirken lassen, im Sieb abspülen.

ZWIEBELN LIEBEN'S KÜHL, dunkel und luftig, dann bleiben sie vor Schimmel verschont und halten sich länger. Am besten lagert man sie in Körben – oder in alten Strumpfhosen. Zwischen jeder Zwiebel setzt man einen Knoten und wenn man eine braucht, schneidet man einfach die unterste ab. Ganz nebenbei entsteht dabei eine feine Deko: wie die Zwiebeln da perlenartig am Türrahmen von Küche oder Vorratskammer hängen, ist schon kultig.

CLEVER GEKLEMMT

EIN EINFACHER BÜROARTIKEL macht Karriere im Kühlschrank: die Papierklemme.

DIE PAPIERKLEMME zieht aus dem Home Office in die Kälte, wo sie hilft, den Stauraum zu optimieren und ins Vertikale auszudehnen. Wer bisher immer daran verzweifelt ist, dass es beim Stapeln liegender Flaschen nach vier, fünf Stück zu wacklig wurde und alles weggerutscht ist, der kann jetzt endlich aufatmen: Einfach ein bis zwei Papierklemmen links und rechts der Flaschen an den Gitterstäben anbringen, dann klappt das mit dem Pyramidenbau.

JETZT GEHT'S RUND

HINTEN IM KÜHLSCHRANK geraten die Einkäufe schnell in Vergessenheit und verderben. Damit ist jetzt Schluss!

So ein Drehteller bringt auch Schwung in volle **KÜCHENSCHRÄNKE**. Ob Konserven, Süßigkeiten oder Backbedarf, nichts wird mehr vergessen.

In Amerika heißen solche Drehteller „Lazy Susan" und stehen auf dem **ESSTISCH**, damit jeder sich problemlos bedienen kann.

DIE HINTEREN GEFILDE des Kühlschranks können leicht außer Kontrolle geraten – aus den Augen, aus dem Sinn. Abhilfe schafft da ein selbstgemachter Drehteller: Man nimmt zwei runde Tabletts oder Backbleche, die ineinanderpassen, und verwandelt sie mit einer Schicht Murmeln dazwischen in ein Leckereienkarussell. Überblick, der begeistert, denn ein Dreh daran genügt, um alles nach vorne zu holen, was im Abseits zu vergammeln drohte.

DER ALLROUNDER

EIN GNADENLOS UNTERSCHÄTZTER Büroartikel: der Zeitschriftensammler.

Besonders im **KÜHLSCHRANK** sind sie praktisch: Dort erschafft man mit horizontal gestapelten Zeitschriftensammlern komplett neue Ebenen.

Wer an einem Zeitschriftensammler aus Draht **KABELBINDER** als Barriere anbringt, kann darin sogar Dosen stapeln.

ZEITSCHRIFTENSAMMLER können mehr, als man denkt: Außer in Home Office und Schmökerecke können sie an unzähligen Stellen in der Küche vorherrschendes Durcheinander beseitigen. Gemüse und Früchte lassen sich zum Beispiel darin lagern. An Schrankinnenseiten geklebt, halten sie Putzmittelflaschen und Alufolien in Ordnung. Hängt man sie unter einen Küchenschrank, lassen sie sich zum Gewürzregal umfunktionieren – ein wahres Ordnungsgenie also!

KLÜMPCHENFREI

Der Honig im Glas

ist zu Kristallen verklumpt? In ein **warmes Wasserbad** legen – aber Vorsicht: Das Wasser darf nicht heißer als 40 Grad sein.

Die Soße klumpt?

Entweder mit dem **Pürierstab** durchwirbeln oder die Soße durch ein Sieb gießen.

Reis

vor dem Kochen gründlich in einer Schüssel **waschen und durchsieben.** So wird der an den Körnern hängende Reisstaub entfernt.

Klümpchenfreier Kakao

ist leicht gemacht, wenn man **nicht sofort die gesamte Milch** bzw. das Wasser zum Pulver in die Tasse gießt. Besser ist es, ein wenig einzugießen und es zu Kakaomatsch zu verrühren, bevor der übrige Rest unter Rühren dazugegeben wird.

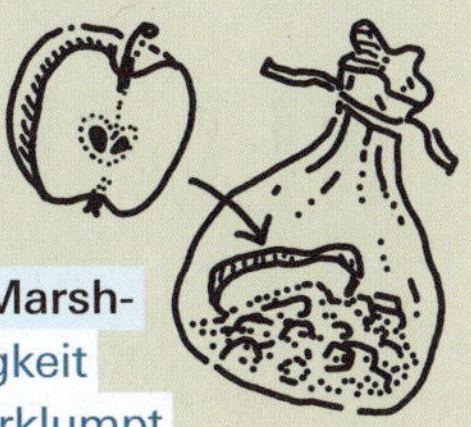

Zucker in der Dose

verklumpt nicht, wenn man **ein paar Marshmallows** hineingibt, die die Feuchtigkeit aufnehmen. Wenn der Zucker schon verklumpt ist, neben ein Glas Wasser in die Mikrowelle stellen oder für ein paar Stunden mit **einer Apfelscheibe** in einem Beutel lagern.

In den Salzstreuer

ein paar **ungekochte Reiskörner** geben, damit das Salz nicht verklebt.

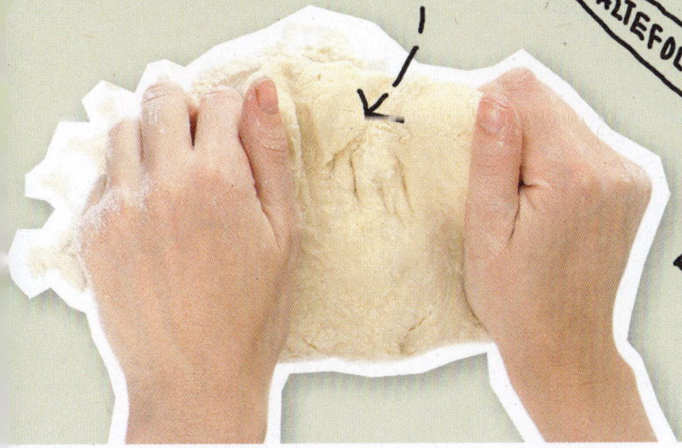

Wenn Mürbeteig

beim Verarbeiten zu sehr bröselt und klumpt, **1 EL Quark** dazumischen, in Frischhaltefolie verpacken und für eine halbe Stunde im Kühlschrank lagern. Danach ist er wieder wie aus einem Guss.

PFLANZENSITTER

KANN KEIN NACHBAR sich während des Urlaubs um Ihre grünen Lieblinge kümmern, tut's auch eine Küchenrolle.

Anstelle des Küchenpapiers lassen sich auch breite **BAUMWOLLSTREIFEN** verwenden.

Normale Schafwollfäden eignen sich weniger gut, da ihre Kapillarwirkung begrenzt ist. Besser sind dicke **BAUMWOLLDOCHTE** aus dem Fachhandel.

SO BAUEN SIE SICH Ihr autonomes Bewässerungssystem: Mehrere Papiertücher abrollen und zu einer wurstartigen Ranke zusammenwickeln. Das eine Ende in einen gefüllten Wasserbehälter legen, der neben dem Topf steht. Das andere Ende auf der Erde im Topf ausbreiten, am besten kreisförmig um die Pflanze herum. Den Rest erledigt, ohne jedes weitere Zutun, die Physik: Durch die Kapillarkraft wird das Wasser allmählich in den Topf transportiert.

HÄNGT SIE AUF!

ES GIBT EINE MÖGLICHKEIT, beim Heimwerken und Kochen trotz schmutziger Hände gleichzeitig die Arbeitsanleitung zu lesen.

Freihändig basteln

Alles im Blick

Nimmt man einen Plastikbügel, lassen sich so auch **KÜCHENROLLEN** aufhängen: Querstrebe des Bügels mit der Zange durchknipsen und die Rolle draufstecken.

BAUANLEITUNG, Gebrauchsanweisung, Kochrezept ... in einer aufgeschlagenen Zeitschrift oder in einem Buch? In Augenhöhe aufgehängt!

FÜR VIELES BRAUCHT MAN BEIDE HÄNDE und außerdem eine Anleitung. Die Schrankwand aufbauen? Einen Gegenstand schreinern? Und beim Kochen ist's auch lästig, wenn das Rezept rumliegt – natürlich im Nassen oder im Mehl.

HOSENHALTER GIBT'S in vielen Formen, oft aus Plastik, edlere aus Holz. Sie sind erstaunlich stabil und leistungsfähig. Findet sich noch einer, der nicht benutzt wird? Irgendwo aufhängen oder einen Haken anbringen – los geht's!

GEHEIMTRESOR

NIE DARF DIE FAMILIE gemeinsam ins Wasser gehen, weil immer einer auf die Wertsachen aufpassen muss?

IN DIESEM SAFE VERMUTET niemand Geld, Handy und Schlüssel: Unter dem Deckel einer leeren Sonnenmilchflasche die ganze Spitze ab- oder nur seitlich eine handygroße Öffnung reinschneiden. Hauptsache, der Deckel sitzt noch fest. Mit entsprechendem Nachwuchs bietet sich's auch an, die zu behütenden Sachen in eine Windel zu wickeln. Noch sicherer wird alles, wenn man ein Billigportemonnaie mit ein wenig Geld offen unters Handtuch legt.

DURSTLÖSCHBOX

DIESE SCHWIMMENDE MINIBAR sichert den Getränkenachschub auch weit vom Ufer entfernt.

Wer statt einer Schwimmnudel **ROHRISOLIERUNG** benutzt, spart sich das Einschneiden, weil diese bereits angeschlitzt ist.

Damit's noch bunter zugeht, anstelle von Eiswürfeln kleine **BALLONS** zu zwei Dritteln mit Wasser füllen und einfrieren.

EINE SCHWIMMNUDEL und eine Plastikkiste voller Eiswürfel: Mehr braucht es nicht. Die Nudel in vier Stücke schneiden, so lang wie die Seiten der Kiste. Damit die Schaumstoffstücke nicht abrutschen, ist es wichtig, dass die Kiste einen etwas überstehenden Rand besitzt. Die Stücke längs bis zur Hälfte einschneiden, die Kiste auf den Kopf stellen, die Stücke rundherum anordnen und ein Seil durch den Schlitz fädeln. Stramm ziehen und verknoten. Fertig!

NUSS-NOUGAT-LIPPENBALSAM

1. 2–3 TL Kokosöl, 1 TL Nussnougatcreme und 1 TL Bienenwachspastillen in eine hitzebeständige Schüssel geben. Das Bienenwachs ist in der Apotheke oder online erhältlich.

2. Die Schüssel in einen Topf mit heißem Wasser stellen und unter ständigem Rühren die Zutaten vermischen.

3. Sobald die Zutaten geschmolzen sind, die Masse aus dem Wasserbad nehmen und in ein Schraubdöschen füllen. Dann für 10 Minuten in den Kühlschrank stellen.

4. Bei Trockenheit auf die Lippen reiben. Der Balsam sieht in der Dose zwar braun aus, erscheint auf den Lippen aber farblos. Selten war Beauty so yummy!

VERSCHLEIERUNGSTAKTIK

GERADE ERST AUFGEBREZELT und schon ist der Glamour wieder verflogen? So hält der Lippenstift locker länger.

WENN DER LIPPENSTIFT immer zu schnell schlapp macht, gibt es einen einfachen Trick für längere Ausdauer: Zunächst den Lippenstift wie gewohnt auf den Mund auftragen. Dann ein Kosmetiktuch zur Hand nehmen, das einlagige Tuch als Styling-Schleier kurz vor den Mund pressen und mit einem Pinsel oder Pad Puder da hindurch auftragen (z.B. Translucent Loose Powder). Fertig ist die Farbversiegelung, mit der Ihr Lippenstift nur allzu gerne Überstunden macht.

GRANDIOS GRILLEN

Rosmarin- und Thymianstiele

auf der Kohle ergeben einen **würzigen** Geschmack.

Kleben Fleisch und Fisch

immer so nervig am Rost fest? Sobald der Grill richtig heiß ist, eine **Kartoffel** aufschneiden, mit einer Gabel aufspießen und dann mit der Schnittfläche über den Rost wischen.

Mit zwei Blechdosen und einem kleinen Rost

lässt sich am Rand der Grillfläche ein **Warmhalterost** improvisieren. Dort kann man fertiges Grillgut lagern und **Brötchen toasten.**

Kartoffeln in Folie grillen?

Einen großen, sauberen **Nagel** durchstecken – der verteilt die Hitze innen und es geht schneller.

Beim Garen von Fisch

lässt sich die Alufolie umweltschonend durch **Rhabarberblätter** ersetzen. Den Fisch in ein halbes Blatt einwickeln und mit Zahnstochern fixieren. Dabei verleiht der Rhabarber dem Fisch eine zitronige Geschmacksnote.

Auf der Suche nach Dipschalen,

die man nicht abwaschen muss? Ein paar **Paprika halbieren,** die Innereien herauspulen und schon stehen sie auffüllbar und aufessbar bereit.

Hartnäckiger Schmutz am Grillrost?

Eine halbe **Kartoffel mit Salz** bestreuen, den Rost mit **Olivenöl** beträufeln und schrubben. Kaffeesatz geht auch – beides funktioniert wie Scheuermilch, aber ohne Chemie.

SCHASCHLIKSCHLANGE

SIND GRILLSPIESSE nicht schrecklich unflexibel zu handhaben? Das wird sich nun ändern.

Der Grillrost will nicht sauber werden? Etwas **ALUFOLIE** zu einem Ball zusammenknüllen, zwischen die Grillzange klemmen und schrubben.

WIE VIEL KOHLE braucht man eigentlich? Das hängt von der Grillgröße ab. Als Faustregel sollte die Kohle, eng gelegt, ca. zwei Drittel des Bodens bedecken.

VOR ALLEM AUF DEM RUNDEN GRILLROST eines Kugelgrills sind sie unpraktisch: Stahlspieße. Viel besser lässt sich der Platz mit einem Schaschlikdraht ausnutzen. Den kann man kaufen, man kann sich aber auch einen etwa 70 cm langen Schweißdraht aus der Werkstatt zuschneiden – oder eine der dicken Gitarrensaiten. Hauptsache, der Draht besteht aus rostfreiem Edelstahl. Zutaten auffädeln und um das übrige Grillgut herumgeschlängelt auf dem Rost platzieren.

STEINOFENSIMULATOR

WER SICH NICHT EXTRA einen Pizzabackstein anschaffen will, für den gibt es eine gusseiserne Alternative.

PIZZA WIE AUS DER PIZZERIA! Als Steinofensimulator kommt eine Gusseisenpfanne zum Einsatz. Diese auf der Herdplatte maximal erhitzen, während der Backofen vorheizt. Dann die heiße Pfanne mit dem Boden nach oben in den Ofen legen und die Pizza obendrauf platzieren. Für eineinhalb bis zwei Minuten backen lassen. Die fertige Pizza hat den leicht angekokelten Look und die knusprigen Krusten, die man von einer Steinofenpizza gewohnt ist.

ALUSTIFT

TOUCHPEN VERSCHLAMPT? Nicht so schlimm, da stehen schon einige andere Anwärter in den Startlöchern.

Touchscreen zerkratzt? **BACKPULVER** und Wasser 2:1 mischen, in Kreisbewegungen auftragen, abwischen. Da die Gewährleistung dadurch erlöschen kann, nur bei alten Handys anwenden.

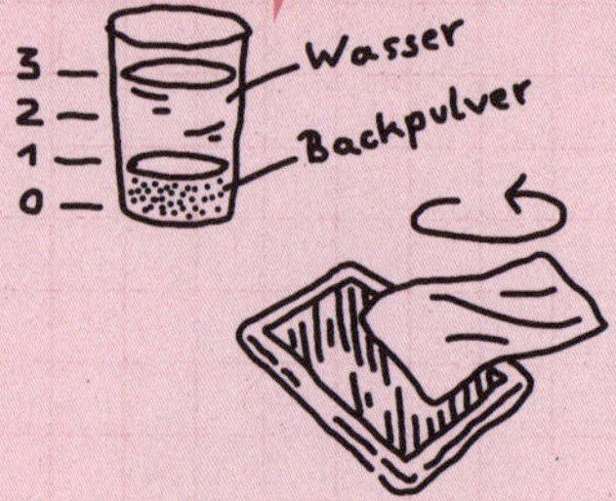

Geht auch: ein angefeuchtetes Wattestäbchen mit Metalldraht umwickeln, sodass dieser die **WATTE** berührt. Finger auf den Draht und los.

DAS ENDE EINES STIFTS in Alufolie einwickeln – oder ein Stück Folie von einer Chipstüte – und bei Bedarf mit Klebeband fixieren – schon ist der neue Touchpen fertig. Er funktioniert aber nur, wenn Sie die Folie beim Schreiben mit den Fingern berühren. Oder Sie nehmen einen Kugelschreiber aus Metall. Oder eine Batterie – die lässt sich ohne Bastelei als Touchpen benutzen. Achten Sie darauf, dass Ihr Ersatzstift ein abgerundetes Ende hat, wegen der Kratzergefahr!

BATTERIEFEUERZEUG

KEIN FEUERZEUG zur Hand, um die Kerze anzuzünden? Mit ein wenig Bastelei tut's auch eine Batterie.

UM DER BATTERIE FEUER zu entlocken, wird ein Streifen Kaugummipapier abgetrennt und in der Mitte spitz eingeschnitten. Hält man die Metallseite des Papiers dann an beide Pole, entzündet es sich an der eingeschnittenen Stelle.

WIE ÜBERHAUPT WISSEN, ob die Batterie noch Saft hat? Die senkrechte Alkaline-Batterie aus 3 cm Höhe fallen lassen – eine volle bleibt stehen oder kippt schwerfällig um, ein leere springt mehrmals durch die Gegend.

MIT DEM RADEL DA

Die Kette säubern und ölen

geht am besten, wenn man **zwei Zahnbürsten** mit Klebe- oder Gummiband aneinander befestigt.

Für mehr Halt bei Glatteis

Kabelbinder um Reifen und Felgen binden und die Enden abknipsen. Die Verschlüsse am besten abwechselnd rechts und links platzieren. Achtung: Nur für Scheiben- und Trommelbremsen geeignet, nicht für Felgenbremsen.

Platten und kein Flickzeug?

Einen **Knoten** in den Schlauch machen oder mit zwei **Kabelbindern** das Loch abklemmen. Die Heimfahrt wird zwar etwas holprig, aber allemal besser als laufen.

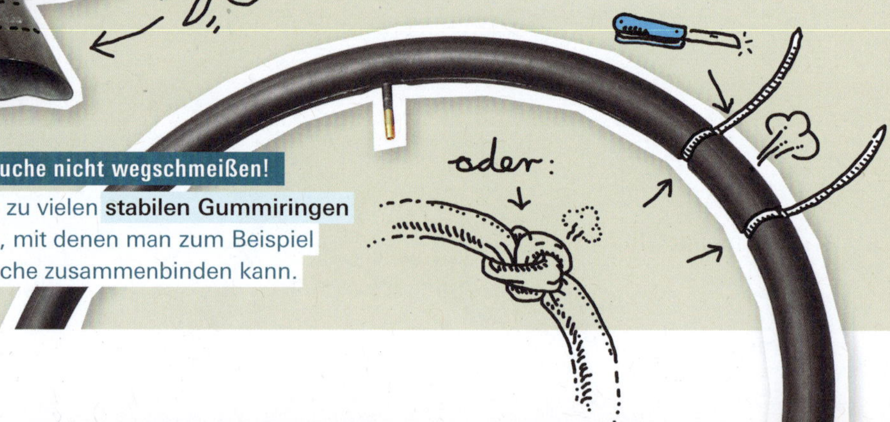

Alte Schläuche nicht wegschmeißen!

Diese lassen sich zu vielen **stabilen Gummiringen** zerschnippeln, mit denen man zum Beispiel neue Schläuche zusammenbinden kann.

Als Fahrradhalter

für Reparaturen stellt man sein **Bügelbrett** auf den Kopf und hängt den Drahtesel über die Standfüße.

Der Rock bleibt unten,

indem man den hinteren Rockstoff durch die Beine zieht und mit **einer Münze und einem Haargummi** am vorderen Saum fixiert. So sitzt der Flatterrock eng wie Shorts.

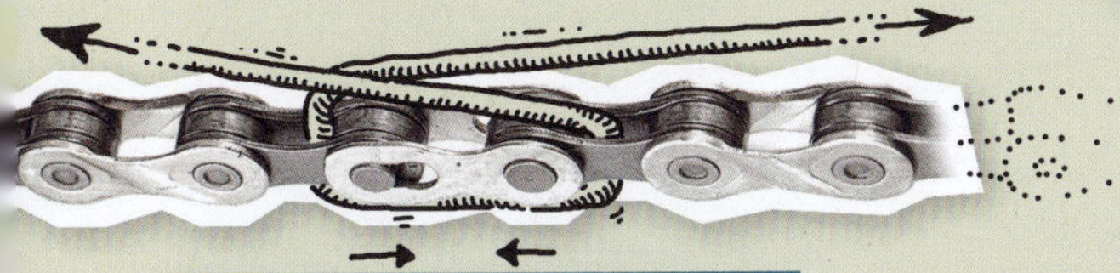

Keine Zange für das Kettenschloss?

Einfach einen **Schnürsenkel** vor und hinter dem Schloss einführen. Dann die Enden überkreuzen und feste nach außen ziehen, bis es Klick macht.

Riss in der Reifenseitenwand?

Da holt man sich schnell einen Platten. Lösung für unterwegs: Reifen abnehmen und von innen einen **zusammengefalteten Geldschein** als Schutz gegen das Loch pressen.

FLASCHENBUFFET

DIE GEFIEDERTEN FREUNDE vor der Haustür bekommen was Trockenes aus der Wasserflasche.

Wer die Flasche an einem **BAUM** aufhängen will, bohrt ein Loch in den Deckel, fädelt ein Seil durch und macht innen einen Knoten.

Mindestens zwei Meter sollte der **ABSTAND** zwischen Futterstelle und Fenster betragen, damit die Vögel nicht versehentlich gegen die Glasscheibe fliegen.

FÜR DIESE FUTTERSTELLE bohrt man mit einem Cutter auf unterschiedlicher Höhe zweimal zwei Löcher, die horizontal gegenüberliegen, in eine Plastikflasche. Die Löcher sollten auf einer Seite etwas größer sein als die Stiele der beiden Holzlöffel, die danach hineingesteckt werden – damit das Futter auf die Löffel nachrutschen kann. Auf der anderen Seite schön eng, damit der Stiel gut darin klemmt. Jetzt noch Körner reinfüllen und die Vogelschar kann kommen.

IM UNDERGROUND CHILLEN

WER SICH ÜBER EINE PRÄCHTIGE ERNTE freut, aber keinen Keller zum Lagern hat, der buddelt sich ganz preiswert eine Erdmiete.

Achtung bei Frost: Gemüse und Obst in der Trommel mit **NOPPENFOLIE** abdecken, damit es nicht einfriert.

Gemüse unbedingt auf **BESCHÄDIGUNGEN** überprüfen und entsprechend aussortieren! Wenn es angeditscht ist, droht sonst alles zu faulen.

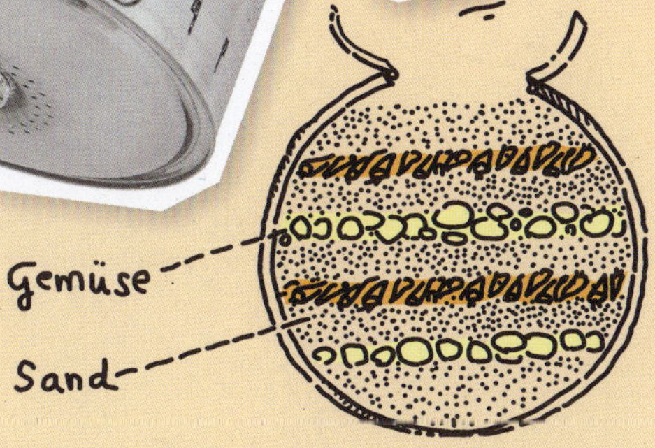

EINE ROSTFREIE Waschmaschinen- oder Trocknertrommel an einem schattigen Plätzchen in die Erde setzen. Den Trommelboden mit etwas Sand bedecken, dann schichtweise die Ernte reinlegen, immer wieder Sand zwischen die Lagen streuen. Obendrauf auch eine Schicht Sand setzen – dann trocknet das Gemüse nicht aus. Über das Loch kommt ein dickes Holzbrett, das man mit Erde und Laub beschwert. Den Inhalt nur an frostfreien Tagen entnehmen.

COOL BLEIBEN

Für unterwegs

legt man eine Flasche fast halbvoll mit Wasser flach ins Gefrierfach. Vor der Abfahrt **auffüllen** – das bleibt lange frisch.

Weißwein

wird oft mit Eiswürfeln gekühlt – und entsprechend verwässert. **Tiefgefrorene Trauben** sehen nicht nur schick aus, sondern erhalten den Geschmack.

Kein kühles Bier da?

Mit **nassem Stoff** umwickelt – es geht auch Papier von der Haushaltsrolle – , wird nicht nur der Gerstensaft, sondern jedes Getränk im Kühlschrank sehr viel schneller kalt.

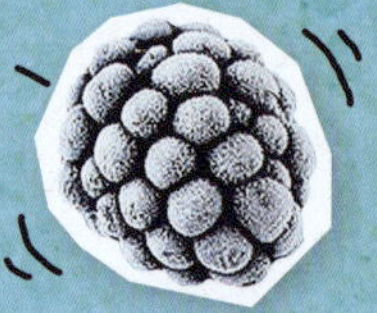

Auch Fruchtsäfte

sind beim Sommerfest nicht nur für die Kinder gehaltvoller, wenn sie statt mit Eiswürfeln mit **gefrorenen Früchten** gekühlt werden.

Allen eiskalten Getränken

tut es gut, wenn die Eiswürfel jeweils bereits den **passenden Geschmack** haben. Und geeignete Früchte, mit eingefroren, sorgen zusätzlich fürs Staunen der Gäste.

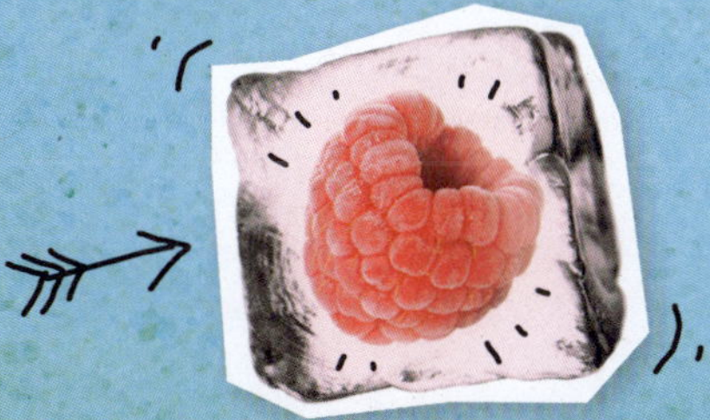

Eistee

schmeckt mit klassisch schwarzen Blättern entschieden besser, wenn er mit Eiswürfeln von **gefrorenem Tee** gekühlt wird.

Eiskaffee,

ob klassisch mit Vanilleeis, mit einem Schuss Cognac oder Kirsch, mit Zimt oder einem Hauch Chili – unbedingt mit **geeisten Kaffeewürfeln** kühlen.

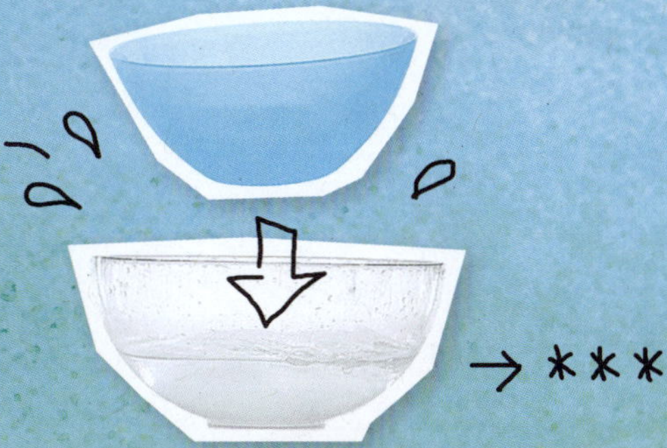

Eine Eisschüssel

Man lässt in einer größeren Schüssel eine kleinere mit der gleichen Form schwimmen, sodass eine **Wasserschicht** dazwischen entsteht – so ins Gefrierfach. Zum Ablösen der oberen Schüssel genügt ein Schuss warmes Wasser. In der Eisschüssel halten sich Eiswürfel länger und sie sieht gut aus.

Balsam für die Ohren

Wenn's quietscht, knarrt, dudelt und fiept, ist es vorbei mit der heimeligen Gemütlichkeit. Doch mit diesen einfachen Hacks lässt sich die akustische Umweltverschmutzung bereinigen.

NU IST ABER RUH!

Manche Geräusche sind einfach zum Durchdrehen, die pure Folter! So bewahren Sie sich schalldämpfend Ihre geistige Gesundheit.

Die Tür quietscht und kein Öl zur Hand? Das Graphit einer Bleistiftmine wirkt wie ein Schmiermittel. Hilft ebenso: Haarspray auf die Scharniere sprühen.

Wenn Schuhe im Trockner herumpoltern, einfach die Schnürsenkel verknoten und in die Tür einklemmen. So können sie mittrocknen, ohne wild umhergewirbelt zu werden.

Wenn die Dielen unerbittlich knarren, hilft Talkum- oder Babypuder weiter. Etwas davon in die Ritzen streuen und mit einem Pinsel gleichmäßig verteilen.

Der Wasserhahn tropf-tropf-tropft die ganze Nacht! Bevor man sich um die Reparatur kümmern kann, wäre es schon schön, das nervige Geräusch loszuwerden.

Dafür einen Wollfaden oben um den Hahn binden und das Ende so herabhängen lassen, dass das Wasser daran mucksmäuschenstill ins Becken rinnen kann.

Ein Großteil störender Geräusche gelangt durch den unteren Türschlitz nach innen. Wer im Winter einen Zugluftstopper an die Tür legt, kann diesen zum Beispiel auch nachts im Schlafzimmer für den Lärmschutz einsetzen.

Der Mixer reißt die gesamte Nachbarschaft aus dem Schlaf, wenn Sie Ihren Smoothie um 5.30 Uhr frisch zubereiten?

Geräusch und Vibrationen lassen sich etwas abmildern, wenn man das Gerät auf ein gefaltetes Handtuch oder eine Silikonmatte stellt.

Die Klobrille scheppert durch das ganze Haus? Dann einen Weinkorken zu Scheiben verarbeiten und darunterkleben, damit diese den Aufprall dämpfen.

Wenn die Schuhe bei Schritt und Tritt quietschen, ist ein möglicher Grund, dass irgendwo ein wenig Feuchtigkeit eingeschlossen wurde. Deshalb die Einlegsohle rausnehmen und innen mit Backpulver, Talkum- oder Babypuder bestreuen.

Beim Musikhören wollen Sie die Nerven Ihrer Nachbarn schonen, indem Sie die dröhnenden Bässe etwas abdämpfen? Dann auf der Unterseite der Boxen, die auf dem Boden stehen, halbierte Squashbälle als Gummifüße festkleben. Am besten dämpfen langsame Squashbälle.

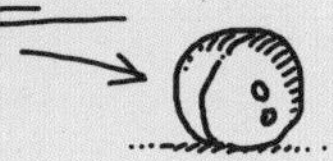

FIXER AUFWICKLER

DER ALTE STRICKPULLI hat ausgedient, aber um die Wolle noch einmal zu benutzen, wird sie quirlig aufgewickelt.

Und wie wieder **AB-WICKELN**? Den Boden einer Plastikflasche abschneiden, kopfüber aufhängen und die Wolle durch den Hals fädeln.

Wer die Wolle abwickelfreundlich **AUF DER ROLLE** lagern möchte, steckt einen Stab hindurch und klemmt diesen dann in die Löcher eines kleinen Plastikkorbs.

STATT DIE WOLLE im Schneckentempo um die Hand aufzuwickeln, lässt sich die Sache etwas beschleunigen: Einfach das Handrührgerät zweckentfremden oder einen Akkuschrauber, in den ein Schneebesen eingespannt wird.

ÜBER DEN SCHNEEBESEN eine Klorolle stülpen, die am Rand eingeschnitten wird. Dort das Ende des Fadens einklemmen. Nun den Rührer bzw. Schrauber starten und mit der anderen Hand den Faden führen – so landet er fix auf der Rolle.

WILDE WOLLE

WOLLKNÄUEL PURZELN beim Stricken gerne enthemmt durch die Gegend.
Zeit, ihnen etwas Disziplin beizubringen.

Damit sich die Maschen während Pausen nicht verselbstständigen und die ganze Arbeit dahin ist, die **STRICKNADELN** am besten in einen Korken stecken.

Statt der Papierklemme tut's auch eine **WÄSCHEKLAMMER,** an der oben ein Gummiband als Abschluss befestigt wird.

ZUR BÄNDIGUNG der wilden Wolle werden die Knäuel in eine schwere Glasschüssel gelegt, an deren Rand eine Papierklemme befestigt wird. Dann die Fäden durch den Metallbügel ziehen – und schon kann fröhlich losgestrickt werden.

WANN IMMER man zieht, kullern die Knäuel wohlerzogen in der Schüssel vor sich hin, während sie sich abwickeln. Die Fäden werden dabei durch das Öhr des Metallbügels vor jeglichem Verheddern geschützt.

MAGNETISCHES MESSERBRETT

1. Küchenmesser in der Schublade? Besser an die Wand, wo sie nicht abwetzen. Auf einem Holzbrett, ca. 32 × 15 × 4–5 cm, in regelmäßigen Abständen Markierungen für zehn Löcher machen.

2. Mit einer Standbohrmaschine 2 cm starke Löcher bis 3 mm vor dem Durchbruch bohren. Zehn starke (!) Scheibenmagnete à 1 × 2 cm hineinstecken und mit Kleber sichern.

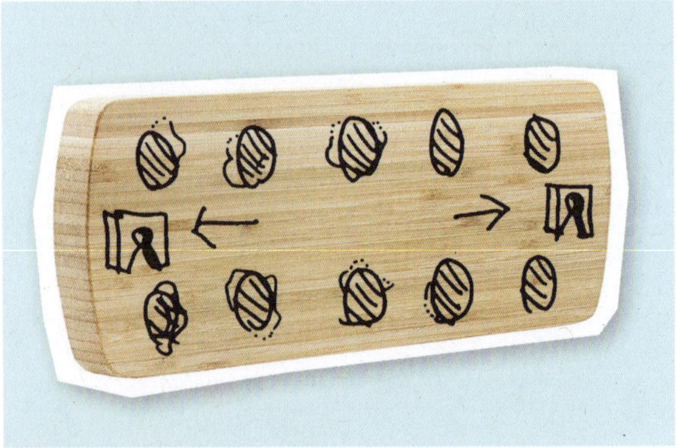

3. Das Brett mit Schleifpapier behandeln oder ölen. Anschließend stabil an der Wand befestigen wie ein Bild – mit Aufhängern, Winkeln oder Ösen.

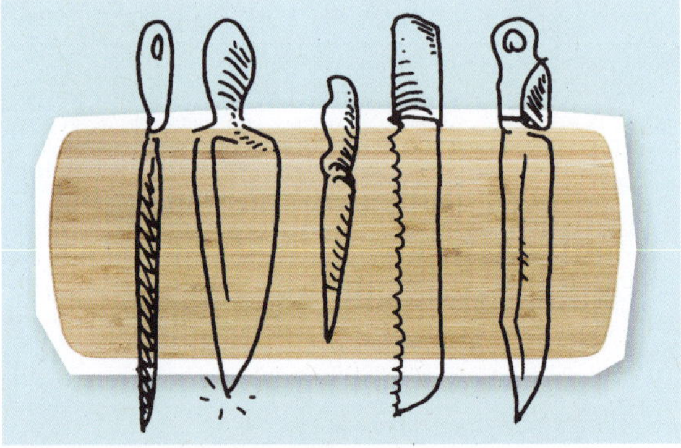

4. Dies genügt für fünf Messer – mit dem Griff nach oben, bis an den Rand der Klinge. Natürlich kann ein solches Magnetbrett auch breiter sein und andere Werkzeuge halten.

VOLLE LADUNG

Schluss mit dem Akku-Stress! So strotzt Ihr Handy immer vor Energie.

Der Akku ist leer? Rausnehmen und für ein paar Minuten an der Hose oder zwischen den Händen reiben. Die dabei entstehende Wärme lässt die Stromleistung so weit ansteigen, dass sich noch ein kurzes Telefonat rausholen lässt.

Der Akku soll schneller laden? Dann auf den Flugmodus umschalten – so ist das Handy vom Funknetz getrennt und muss nicht andauernd fürs Bereitstellen von Updates Energie verbraten.

Das Akkuleben lässt sich verlängern, indem man das Handy beim Aufladen aus seiner Hülle herausnimmt. Auf diese Weise staut sich die Wärme nicht unnötig.

Kabelbruchgefahr! Um die anfällige Stelle am Ende des Ladekabels zu schützen, die Spiralfeder aus einem Kugelschreiber nehmen, etwas in die Länge ziehen und dann um das Kabel herumwickeln.

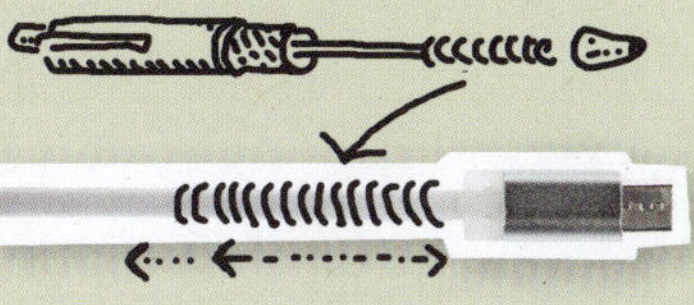

Wenn das Ladekabel zu kurz ist oder auf dem Boden immer zur Stolperfalle wird, einfach selbst eine Ladestation basteln. Ein leerer Duschgelbehälter lässt sich problemlos zuschneiden. Auch die Backentasche einer alten Jeans kann man hierfür upcyclen.

Keine Steckdose zum Aufladen weit und breit? Kein Problem, auch mit einer ganz normalen 9-Volt-Batterie, der Feder eines Kugelschreibers und einem Handyladekabel fürs Auto, mit dem man sonst Energie aus dem Zigarettenanzünder holt, lässt sich Saft auf den Akku bringen.

Hierfür die Feder seitlich an der Kontaktklammer festmachen. Die Spitze des Ladegeräts in den Pluspol der Batterie stecken. Dann das freie Ende der Feder mit dem Minuspol verbinden. Und jetzt einfach das Ladekabel ans Handy anschließen. Es lädt zwar langsam, aber es lädt.

ANDERSRUM!

Lecker Burger, Klecker Burger!

Wer sein Frikadellenbrötchen besser im Griff haben möchte, lässt es eine 180-Grad-Drehung vollführen. So ist die **dickere Brötchenhälfte unten.**

Den Tetrapak

beim Einschenken so umdrehen, dass der **Verschluss oben** ist. Dann herrscht viel weniger Druck auf der Öffnung und nichts schwappt mehr über.

Die Tomaten

sollen schön saftig bleiben? Dann den Stiel entfernen und **umgekehrt herum** lagern.

Wenn die Eiscreme

einen Kopfstand machen darf, bleibt ihr der **Gefrierbrand erspart.** Das Eis versiegelt auf diese Weise die Stellen am Deckelrand, wo Luft eindringen könnte.

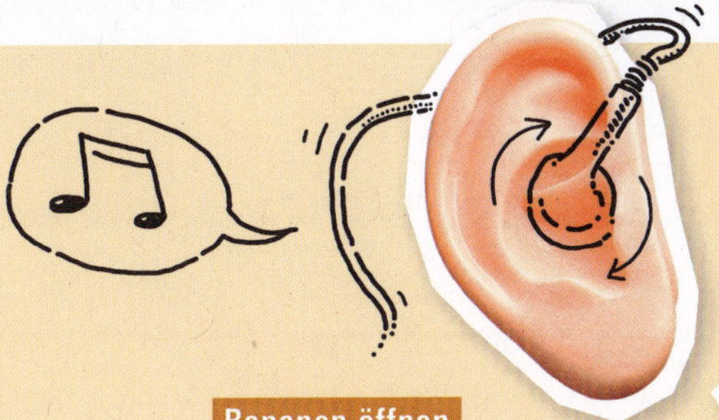

In-Ohr-Kopfhörer

tragen sich stabiler, besonders beim Joggen, wenn man sie auf den Kopf dreht und eine **Schlaufe des Kabels übers Ohr** legt.

Bananen öffnen

ohne Zerren? Einfach **von unten!** Wenn man die Spitze mit Daumen und Zeigefinger zusammendrückt, öffnet sie sich, sodass man die beiden Schalenteile bequem runterziehen kann. So machen's auch die Affen.

Eine Seite der Ananas

ist immer süßer als die andere? Wer die Stielkrone der Frucht entfernt und sie **auf dem Kopf lagert,** gibt dem Fruchtzucker die Gelegenheit, sich wieder gleichmäßig zu verteilen.

Bio-Mandel- und Erdnussbutter

neigen dazu, natürliche Öle abzusondern, die sich an der Oberfläche sammeln. Wer das Glas auf dem Kopf lagert, verbannt das **Öl auf die andere Seite.**

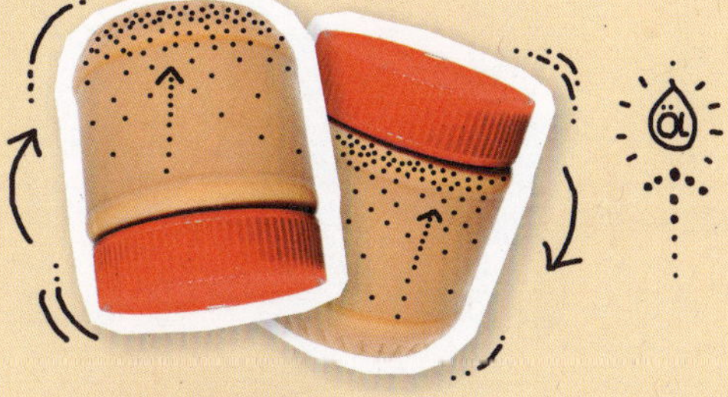

Frisches Brot

wird beim Schneiden oft zusammengedrückt, wodurch **schiefe Scheiben** entstehen. Besser geht's andersrum, da der Boden fester und ebenmäßiger ist.

ZUGLUFTSTOPPER

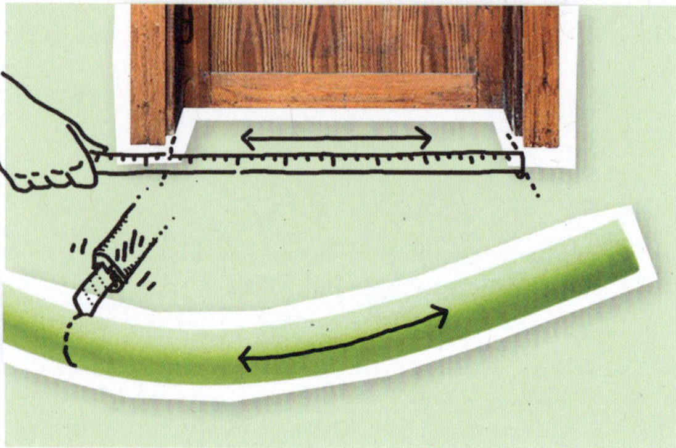

1. Die Breite der Tür abmessen. Von einer Schwimmnudel mit Schere oder Teppichmesser zwei Stücke in dieser Länge abschneiden. Rohrisolierung oder Papprollen gehen auch.

2. Das Bein von einer alten Strumpfhose abschneiden.

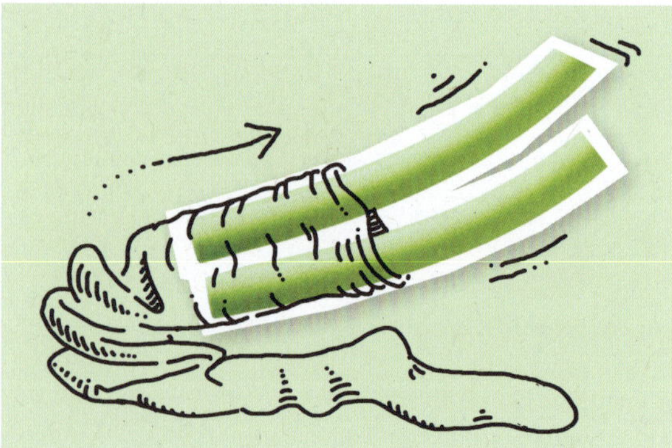

3. Das Strumpfhosenbein über die beiden Rohrstücke stülpen und dann zuknoten.

4. Den fertigen Zugluftstopper so unter die Tür schieben, dass sich eine Rolle auf jeder Seite der Tür befindet. So bleibt die Kälte garantiert draußen.

ELEGANT ABHÄNGEN

WENN DER WOLLPULLI ohne Druckstellen getrocknet werden soll, braucht er Hilfe von einer Strumpfhose.

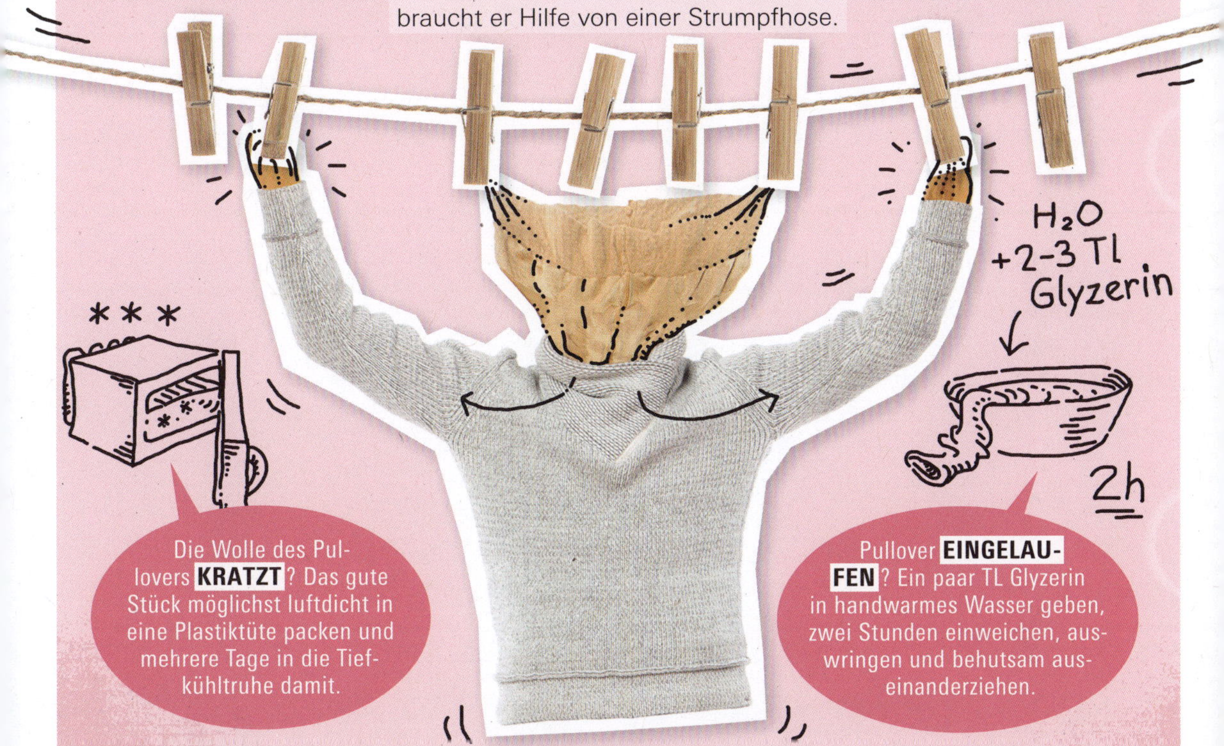

Die Wolle des Pullovers **KRATZT**? Das gute Stück möglichst luftdicht in eine Plastiktüte packen und mehrere Tage in die Tiefkühltruhe damit.

Pullover **EINGELAUFEN**? Ein paar TL Glyzerin in handwarmes Wasser geben, zwei Stunden einweichen, auswringen und behutsam auseinanderziehen.

DAS SCHLEUDERN in der Maschine verbietet sich bei Wollpullovern. Aber wie aufhängen, wenn Wäscheklammern und Kleiderbügel garantiert hässliche Abdrücke im Gewebe hinterlassen werden? Man nehme eine alte Stumpfhose und stecke sie durch die Öffnungen des Pullis. Die Beine kommen durch die Ärmel und der Hosenboden wird durch den Halsausschnitt gefädelt. Dann die Wäscheklammern an der Strumpfhose befestigen.

Gesunde Konkurrenz

Auch wenn man bei Zitronen vor allem an **Vitamin C** denkt, sind die sauren Früchte mit ihren ca. 50 mg pro 100 g Fruchtfleisch gerade mal Mittelklasse. Sie können mit Paprika (140 mg), schwarzen Johannisbeeren (289 mg) und Hagebutten (1250 mg) nicht annähernd mithalten.

ZITRONEN FÜR ALLE LEBENS-LAGEN

Haben Sie vom Limonade-machen oder der letzten Tequila-Party noch Zitronen übrig? Gut so, denn es lassen sich noch viele weitere Dinge mit dem gelben Früchtchen anstellen.

Beim Parfümauftragen etwas übermotiviert gewesen, sodass Sie eine Dunstglocke mit sich rumschleppen? Zum Abmildern des Geruchs etwas Zitrone auf die Hautstellen reiben.

Auch anderen Mief packt die Zitrone locker. Wenn Küchenbretter aus Holz trotz Reinigung müffeln, mit einer Zitronenhälfte drübergehen.

Vor dem Schneiden von Fisch die Hände mit Zitrone einreiben, dann haftet der Geruch nicht so stark an.

Wer zum Backen Buttermilch braucht, aber gerade keine vorrätig hat, kann sich einen Ersatz mixen. Hierfür zu einer Tasse Milch einen TL Zitronensaft dazugeben und für fünf Minuten ruhen lassen.

Auf diese Weise erhält die Milch eine dezente Säurebehandlung.

Gegen Graustich auf weißer Wäsche einfach eine ungespritzte Zitrone kleinschneiden, in einen zugeklammerten Handschuh geben und normal mitwaschen.

Die Schalen von unbehandelten Zitronen, mit Wasser in einer Eiswürfelform eingefroren, ergeben eine erfrischende Getränkebeigabe.

Gegen Flecken auf Marmor hilft Zitronensaft. Laminat, Fliesen, Edelstahl lassen sich ebenso gut damit reinigen, nicht aber offene Poren wie von Granit oder Naturstein – diese werden sonst verätzt.

Über Wespenstiche mit einer Zitronenscheibe reiben. Das lindert den Schmerz und hilft gegen das Anschwellen.

Vor dem Entsaften mehrmals mit der Handfläche pressend über die Arbeitsfläche rollen. Dann auf höchster Stufe für 20 Sekunden in der Mikrowelle erhitzen. Dadurch werden die Zellmembranen aufgeweicht, sodass der Saft besser fließt.

Brauchen Sie nur einen kleinen Spritzer Zitrone zum Abschmecken? Kein Grund, eine ganze Zitrone aufzuschneiden.

Stattdessen lieber die Zitrone mit der Hand pressend über den Tisch rollen und danach mit Zahnstocher oder Nadel ein Loch stehen. So lässt sich durch etwas Quetschen ganz praktisch eine kleine Menge Saft abzapfen.

KNOBI-SHAKER

IN DER HAUSEIGENEN Cocktailbar wird's geruchsintensiv: eine Knolle ist zu Besuch.

OHNE KNOBLAUCH ZU KOCHEN, wagt sich kaum einer vorzustellen. Aber aufs Schälen könnte man gern verzichten – danach riechen die Hände immer noch ewig nach der Knolle. Doch wer statt Messer und Schäler zum Shaker greift, macht sich das Leben ganz schnell einfacher: Knoblauch rein, Deckel drauf und 10 Sekunden schütteln, was das Zeug hält. Öffnet man den Shaker, purzeln einem die Zehen schön gelöst von der Schale entgegen.

GURKENKAMM

EIN HAARPFLEGEGERÄT GIBT beim Gemüseschnippeln ganz souverän die Richtung an.

Die Schnittfläche lässt sich vor dem Austrocknen schützen, indem man das **ENDSTÜCK** mit einem Zahnstocher draufpinnt.

Gurken nicht unter zwölf Grad lagern – sonst werden sie weich und wässrig. Von Äpfeln und **TOMATEN** fernhalten, da die Gurken sonst gelb werden.

SIE SIND BEKENNENDER Grobmotoriker, wollen aber trotzdem ihr Gemüse in gleichmäßige Scheiben und Würfel schneiden? Dazu brauchen Sie einen groben Kamm, wie er zum Frisieren von voluminösen Lockenschöpfen verwendet wird. Wenn man seine Zinken aus Edelstahl in die Gurke sticht, geben sie einem beim Schneiden wie eine Schablone vor, wo's langgeht. Das funktioniert auch sehr einfach mit Tomaten, Zitronen oder Zwiebeln.

GEBALLTER DÄMPFER

DAMIT DIE GUTEN VITAMINE nicht auf Nimmerwiedersehen im Kochwasser verschwinden, soll das Gemüse schonend gedämpft werden. Aber was, wenn kein Siebeinsatz zur Hand ist? Die Lösung: Aus Aluminiumfolie drei bis vier Bälle zusammenknüllen und als Untersatz ins heiße Wasserbad legen. Dann einen hitzebeständigen Teller – etwas kleiner als der Topf – inklusive Gemüse auf die Alubälle stellen. Deckel drauf – fertig ist der improvisierte Dampfgarer!

MACH DER KNOLLE BEINE

KOMMT AUS TIEFSTER ERDE und will hoch hinaus: die ehrgeizige Mikrowellenkartoffel.

IST DIE GEBACKENE KARTOFFEL aus der Mikrowelle mal wieder halb kalt geblieben? Das nächste Mal an der Unterseite einfach vier Zahnstocherbeine anbringen. So hängt die Kartoffel über dem Teller und wird dadurch schneller und von allen Seiten gleich gut erwärmt. Auch Schüsseln wollen manchmal hoch hinaus: Wenn zwei davon nicht gleichzeitig nebeneinander in die Mikrowelle passen, unter die eine Schüssel als Podest eine Tasse stellen.

Superknollen

Man kann Kartoffeln selbst auf dem Balkon pflanzen, etwa vier Knollen in einem Zehn-Liter-Eimer. In eine Kiste passen noch mehr. **Im März keimen lassen,** im April aussäen – im Juli ernten.

KARTOFFELN – FÜR VIELES GUT

Als Friedrich der Große, der „Alte Fritz", seine Untertanen im 18. Jahrhundert mit Macht und Gewalt zum Anbau von Kartoffeln nötigte, begründete er deren Siegeszug. Weitgehend vergessen ist, dass unsere Ahnen dieses Nachtschattengewächs außer zum Kochen für vielerlei Zwecke genutzt haben.

Gesundheit Kartoffeln gelten als linderndes Hausmittel gegen juckenden Ausschlag, Insektenstiche und geschwollene Augen. Dazu werden sie roh aufgeschnitten und die Scheiben aufgelegt. Und in der Volksmedizin wurde Kartoffelsaft äußerlich bei Verletzungen angewendet, innerlich gegen Magenbeschwerden.

Für unsere Vorfahren waren Kartoffelwickel bei Husten und Halsschmerzen ein beliebtes Hausmittel: Frisch gekocht in einem Handtuch zerdrückt und auf die Brust oder um den Hals gelegt – oder bei Ohrenschmerzen auf dieselben.

Schönheit Weil sie zu 78 Prozent aus Wasser bestehen, also wenige Kalorien haben, sind sie – gekocht verzehrt – Schlankmacher. Das gilt aber natürlich nicht für Bratkartoffeln oder Pommes frites …

Für eine Gesichtsmaske reibt man eine Kartoffel und rührt Olivenöl und Honig dazu. Die Vitamine und Mineralien des „Erdapfels" sollen Fältchen glätten, Öl und Honig sorgen für Feuchtigkeit.

Wenn der Grill lange nicht benutzt wurde und Rostflecken drauf sind: Backpulver auf den Schnitt einer Kartoffel und den Grill damit abreiben. Die Oxalsäure bringt's.

Und vor dem Grillen sollte man den gesamten Rost mit einer halbierten Kartoffel einreiben – das hat eine ähnlich imprägnierende Wirkung wie Öl.

Saubermachen Wenn die Thermoskanne innen unansehnlich geworden ist – eine rohe Kartoffel in kleine Stückchen schneiden und kräftig in der Kanne hin- und herschwenken.

Angelaufenes Silber wird heller, wenn es mit heißem Kartoffelwasser übergossen wird.

Sind Trinkgläser stumpf und trüb? Eine rohe Kartoffel ins Essigwasser, damit lassen sie sich reinigen.

Im Kühlschrank werden unangenehme Gerüche durch die Stärke gebunden, indem man eine Kartoffel in Scheiben schneidet und auf einem Tellerchen hineinstellt.

NIE MEHR WUNDE FERSEN

1. Durch die obersten Ösen der Laufschuhe, die sonst meist freigelassen werden, die Schnürsenkel von außen nach innen stecken, sodass auf beiden Seiten eine Schlaufe entsteht.

2. Nun beide Schnürsenkel überkreuzen und in die gegenüberliegende Schlaufe einfädeln.

3. Jetzt stramm ziehen und die Schnürsenkel dann wie üblich zubinden.

4. Mit dieser Art der Schnürung, im Englischen auch heel lock oder lace lock genannt, sitzt die Ferse schön fest im Schuh. Die Reibung ist reduziert – keine Blasen mehr!

SENKELLACK

WENN DIE SCHNÜRSENKEL ausgefranst sind, kann der Lackierer mit einem neuen Anstrich weiterhelfen.

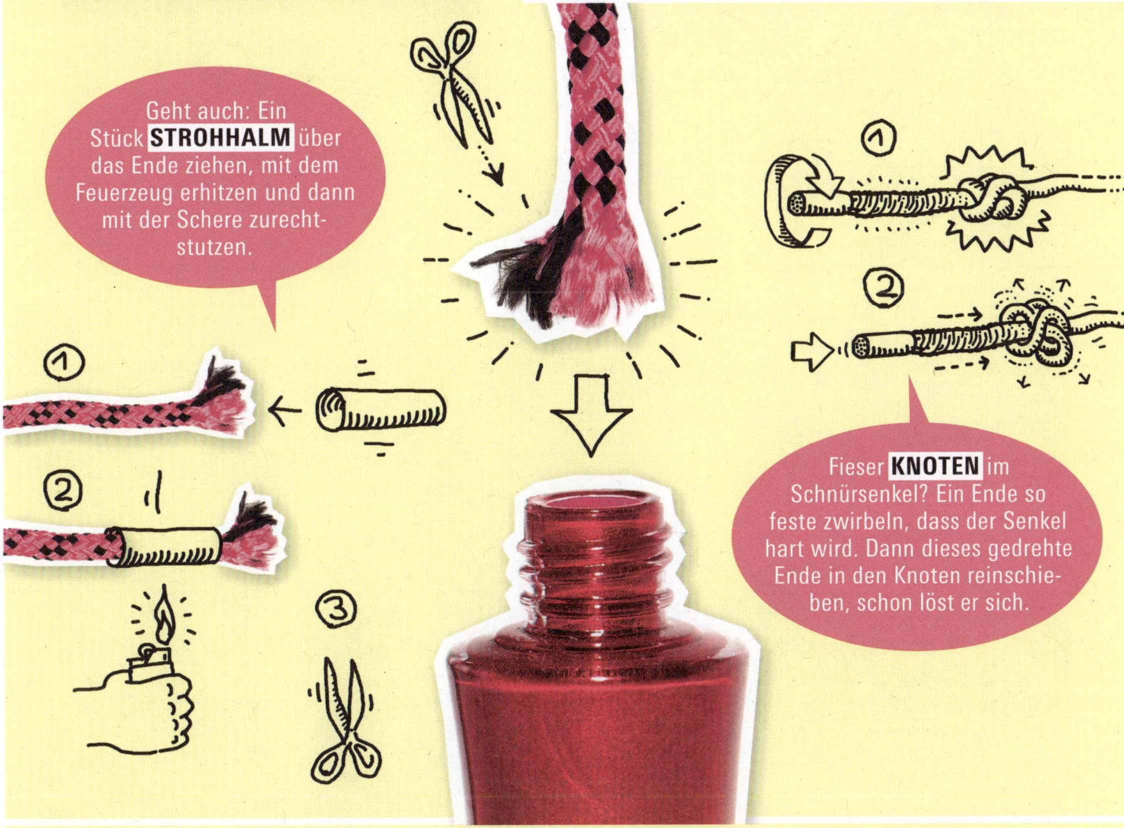

DIE ZERSCHUNDENEN Schnürsenkelenden geradestutzen und dann in die Nagellackflasche tunken. Hängt zu viel Lack dran, mit der Kante eines Klebezettels abstreifen. Dann zum Trocknen über den Schuhrand hängen. Nach fünf Minuten sind die Schnürsenkel wieder einsatzbereit. Auch die Enden des Seilzugs am Kapuzenpullover lassen sich auf diese Weise ratzfatz reparieren.

ZUSATZ-TIPP: Nagellack im Kühlschrank aufbewahren, dann ist er geschmeidiger.

LASS BLUBBERN

NA TOLL, WER HAT denn die Sektflasche aufgelassen? Jetzt ist die ganze Kohlensäure verpufft!

Keine Sorge, die Rosineneinlage lässt es einfach nur **SPRUDELN**, gibt dabei aber keinen Geschmack an den Sekt ab.

Eine Sektflasche mit **PLASTIKKORKEN** wird leichter verschließbar, wenn man den unteren Teil des Korkens abschneidet und die farbige Kappe als Verschluss nimmt.

SOLLTE MAN IM SILVESTERRAUSCH vergessen, die Sektflasche zu schließen, ist das noch lange kein Grund, das schal gewordene Blubbergold in den Ausguss zu schütten! Man nehme ein paar Rosinen und schmeiße sie in das Glas oder die Flasche. Danach für ein paar Minuten in den Kühlschrank stellen und schon prickelt's wieder. Funktioniert natürlich auch bei anderen kohlensäurehaltigen Getränken wie Orangenlimonade oder Cola.

FLASCHENPFANNKUCHEN

DAS KETCHUP IST ALLE, aber die Plastikflasche wird noch lange nicht in den Ruhestand geschickt.

DIE KETCHUPFLASCHE ZUNÄCHST gründlich auswaschen, sonst ergeben sich noch ungewollte Geschmackskreationen. Dann den Dosieraufsatz abschrauben, einen Trichter nehmen und Eier, Mehl etc. einfüllen. Flasche verschließen und wild schütteln, bis alles gut vermischt ist. Weder Rührgerät noch Schüssel müssen gespült werden. Und wenn etwas Teig übrig bleibt, Flasche einfach in den Kühlschrank stellen – fürs Frühstück am nächsten Tag!

PHÖNIX AUS DER ASCHE

Wenn die Glut im Kamin, Kachelofen oder Lagerfeuer erloschen ist, bleibt ein nützlicher Rohstoff übrig: die Holzasche. Es gibt eine ganze Reihe praktischer Anwendungsmöglichkeiten für sie. Dabei ist es allerdings wichtig, dass das Brennmaterial unbehandelt ist. Asche von Holzkohle oder Grillbriketts ist oft mit Schwermetallen belastet. Asche plus Wasser ergibt eine Lauge: Bei einem pH-Wert über 12 drohen Verätzungen. Deshalb in der Apotheke oder online Teststreifen besorgen, um den Wert bestimmen zu können. Und bei der Arbeit unbedingt Haut und Augen schützen!

1 Dünger

Holzasche ist ein ausgezeichnetes Düngemittel. Die Asche direkt auf die Erde rund um die Pflanzen ausstreuen – nicht mehr als eine dünne Schicht, sonst wird bei Regen schnell ein Schlammbad draus.
Man kann sie auch ins Wasser mischen und dann mit der Gießkanne verteilen, was vor allem von Vorteil ist, wenn windiges Wetter droht, die Asche durch die Gegend zu wirbeln. Wichtig: Die Kanne muss laugenbeständig sein. Oder man streut die Asche zwischen die Lagen des Komposthaufens.

2 Ungeziefer und Unkraut

Beim Abschrecken von Schnecken ist die Holzasche ebenfalls hilfreich. Wenn man sie um die betroffenen Pflanzen streut, bleiben sie fern, da ihre feuchten Körper die Asche nicht vertragen. Sobald es regnet, ist die Wirkung allerdings auch schon wieder dahin.

Wenn Disteln, Löwenzahn und Nesseln sich allzu sehr ausbreiten, kann man Holzasche einsetzen. Hierfür das Unkraut im Herbst mehrmals bestreuen, sodass es dann im Frühjahr nicht wieder wächst.

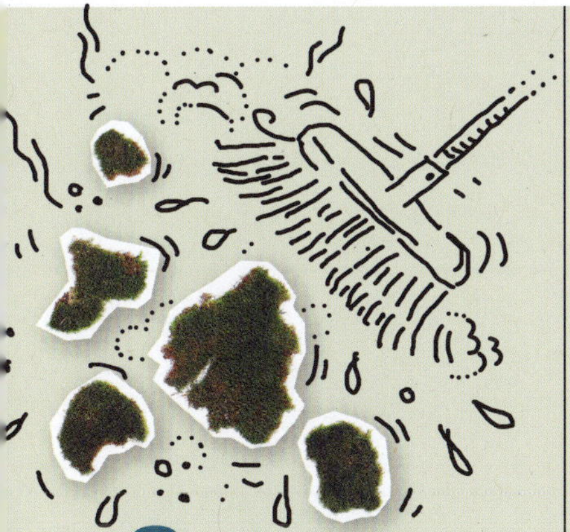

3 Moosentferner

Wenn es zwischen Steinplatten im Garten oder auf dem Balkon wuchert, eilt auch hier die Holzasche zu Hilfe. Eine ordentlich dicke Schicht Holzasche draufstreuen, mit Wasser besprayen und nach ein paar Minuten Einwirkzeit das Moos mit heißem Wasser wegbürsten.

Ist Öl vor dem Haus auf Asphalt, Stein oder Zement ausgelaufen? Dann Holzasche drüberstreuen, mit einem Lappen reiben und zum Schluss alles mit einem Besen wegkehren.

4 Reinigungsmittel

Hängt eingebrannter Ruß an der Kaminofenscheibe? Asche aus dem Kaminofen mit etwas Wasser mischen (je feiner die Asche, desto besser). Einen Schwamm oder Zeitungspapier eintunken und die Scheibe damit abwischen. Danach mit lauwarmem Essigwasser und einem Wischlappen nachputzen, abschließend mit einem normalen Küchentuch das Glas trocken reiben.

5 Scheuermittel

Um Holzasche als Scheuermittel zu benutzen, muss sie zunächst durch ein feines Sieb gegeben werden. Anschließend einen feuchten Lappen eintauchen und die zu putzende Fläche abwischen. Zuletzt mit klarem Wasser gründlich nachspülen. Alternativ lässt sich auch eine dicke Paste anrühren. Wichtig: Handschuhe dabei tragen, es handelt sich um eine Lauge. Zum Scheuern mit Holzasche sind vor allem Edelstahloberflächen geeignet – hier entfaltet die große Fettlösekraft der Asche ihre volle Wirkung.

STICHWORTVERZEICHNIS

H

I

J

K

Bis morgen!

Stiftung Warentest
Lützowplatz 11–13
10785 Berlin
Telefon 030/26 31–0
Fax 030/26 31–25 25
www.test.de
email@stiftung-warentest.de

USt-IdNr.: DE136725570

Vorstand: Hubertus Primus
Weitere Mitglieder der Geschäftsleitung:
Dr. Holger Brackemann, Daniel Gläser

Programmleitung: Niclas Dewitz

Autoren: Annika Loeb, Eduard Timm
Projektleitung/Lektorat: Philipp Sperrle
Korrektorat: Hartmut Schönfuß, Berlin
Titelentwurf: Axel Raidt, Berlin
Layout, Grafik und Satz: Axel Raidt
Illustrationen, Bildredaktion, Litho: Axel Raidt
Mitarbeit Grafik/Bildredaktion: Kay Hoffmann, Felix Müller
Bildrecherche: Jochen Baltzer, Kay Hoffmann, Felix Müller, Merit Niemeitz, Axel Raidt
Bildnachweis: Fotolia (sämtliche), bis auf S. 6 r.o., 44, 88, 101 r.u.: Raidt, S. 155 (Sammler): Hoffmann, S. 114: Müller
Produktion: Vera Göring
Verlagsherstellung: Rita Brosius (Ltg.), Romy Alig, Susanne Beeh
Druck: Media-Print Informationstechnologie GmbH, Paderborn

ISBN: 978-3-86851-478-0

Die Stiftung Warentest wurde 1964 auf Beschluss des Deutschen Bundestages gegründet, um dem Verbraucher durch vergleichende Tests von Waren und Dienstleistungen eine unabhängige und objektive Unterstützung zu bieten.

Wir haben für dieses Buch 100 % Recyclingpapier und mineralölfreie Druckfarben verwendet. Stiftung Warentest druckt ausschließlich in Deutschland, weil hier hohe Umweltstandards gelten und kurze Transportwege für geringe CO_2-Emissionen sorgen. Auch die Weiterverarbeitung erfolgt ausschließlich in Deutschland.